图书在版编目(CIP)数据

江西宋代纪年墓与纪年青白瓷 / 江西省博物馆编著.
— 北京：文物出版社，2016.12
ISBN 978-7-5010-5100-7

Ⅰ.①江… Ⅱ.①江… Ⅲ.①墓葬(考古)－研究－江西－宋代 Ⅳ.①K878.84

中国版本图书馆CIP数据核字(2017)第105689号

江西宋代纪年墓与纪年青白瓷

编　　著：江西省博物馆

责任编辑：周艳明　杨冠华
装帧设计：特木热
责任印制：梁秋卉

出版发行：文物出版社
社　　址：北京市东直门内北小街 2 号楼
邮　　编：100007
网　　址：http://www.wenwu.com
邮　　箱：web@wenwu.com
经　　销：新华书店
印　　刷：北京金彩印刷有限公司
开　　本：889mm × 1194mm 1/16
印　　张：19.5
版　　次：2016 年 12 月第 1 版
印　　次：2016 年 12 月第 1 次印刷
书　　号：ISBN 978-7-5010-5100-7
定　　价：480.00 元

江西宋代纪年墓与纪年青白瓷

Dated Tombs and Dated Bluish-white Glazed Porcelain Wares of the Song Dynasty Found in Jiangxi

江西省博物馆　编著

文物出版社

图二　青白釉盏

状纹，正面竖划成14条直格，无字（原来可能为墨书或朱书，已脱落）。宽32、高33厘米。

墓志　1方。青石质，上端截角，亦为不规则六角形。以锁链条圈边，上端为两道绳索状纹。正面竖划成二十条直线。宽46、高47厘米。楷书，共19行，每行约18字（图四）。志文如下。

大宋国故寻阳陶府君十九郎墓志铭并序

府君姓陶讳仁愸，即寻阳之盛族，五柳之明宗，始祖相承，本柴桑人也，居庐岳之西甘泉乡侯溪社。曾门讳超，大门讳珠，父讳宪。并□□云泉，孤高不仕，声尘以布于九江令，议早闻于三楚。太夫人孙氏，生三男，府君即其首子也。幼从师训，长乃立身，德行谦和，风流君子也。府君婚张氏，有五男二女。家□曰匠意，婚孙氏，次曰匠志，未婚，次曰安哥，次曰巫哥 ，次曰足哥。一女丝娘，未娉，二女县姑。兄弟子孙相嗣，二十二口，系税钱五贯文、苗米二十三石并官庄。呜呼，府君年方不惑，以冀保遐龄。岂谓降年不永，于大宋太平兴国八年七月六日寝疾而终于本乡也，享年四十有三。选当年十二月二十八日殡于土名家舍林祖墓营东，本地也。地从东北落坟，作庚向，水流汩出，莫不峰峦蓝欝，瑞气芬芳，为万古之佳城，岁之良塚。奉命略记：芳尘耽申，管见乃为□□。昔英落时相辞，春花绽时悲□□。只知一念向兴中，更尽回心□□□。

墓主陶十九郎，讳仁愸，江西九江人。卒于北宋太平兴国八年（983年）七月，于当年十二月下葬，享年43岁。

墓志所载寻阳与柴桑，均指今江西九江。“五柳”即指陶渊明（约365 ~ 427年），字元亮，自号“五柳先生”，晚年更名“潜”，卒后友

九江市
北宋太平兴国八年墓

1983 年 1 月，九江市赛阳公社汤桥一队社员修建房屋平整地基过程中发现一座宋墓，遂上报江西省文物工作队。工作队赶到现场时，墓已被改为薯洞。据当地社员描述，发现宋墓的地点名曰绿豆山，位于庐山西麓。墓葬为竖穴土坑墓，平面呈长方形，长约 2、宽约 1、墓底距地表 1.7 米。棺木尸骨全腐，仅存棺钉 2 枚。出土有陶瓷器 10 件、残铜镜 1 件、铜钱 4 枚、地券及墓志各 1 方，均放置在墓室前端。随葬器物如下。

青白釉盏 2 件。形制大小相同。敞口，浅腹，浅圈足，内底有脐状凸起。施青白釉，釉质莹润，一件色泛青（图一），一件色泛白（图二）。底足露胎，胎质洁白细腻。口径 10.8、底径 3.8、高 3 厘米。

青釉执壶 1 件。喇叭形口，卷唇，长颈，溜肩，椭圆形腹，圆饼足底微内凹。肩一侧置短流，流口低于壶口，对称处为一扁平把手，把手外侧饰数道竖条纹。器腹饰旋轮纹，拉坯痕明显。施青釉，釉不及底，器内、胫部至饼足露胎，胎呈灰色。口径 8.1、底径 6.8、高 15.5 厘米（图三）。

酱釉陶双系罐 1 件。平口，卷唇，短直颈，溜肩，瓜棱弧腹下收，假圈足。颈部置有对称的泥条形系。施酱釉，釉不及底，多剥落。胎呈灰黑色。口径 8、底径 9、高 23 厘米。

酱釉陶双系小罐 4 件。分二式。

Ⅰ式 3 件。形制大小相同。平口，卷唇，短直颈，丰肩，稍鼓腹，平底内凹，肩颈之间塑有对称的泥条状竖环形系。口径 5 ~ 6、底径 4 ~ 5、高 8.5 厘米。

Ⅱ式 1 件。卷唇，直颈更短，丰肩，筒形腹下收，平底内凹，肩部塑有对称的泥条状横环形系。施酱褐釉，釉多剥落，灰黑胎。口径 6.5、底径 5、高 8.5 厘米。

酱釉陶碗 1 件。敞口，浅腹，假圈足。施酱釉不及底，釉多剥落，胎较粗，呈灰黑色。口径 14.5、底径 7.5、高 3 厘米。

青釉钵 1 件。平口，卷唇，丰肩，鼓腹下收，假圈足。施青釉，釉不及底，胎呈灰色。口径 13.5、底径 8、高 9 厘米。

铜镜 1 件。残，极薄，镜背铸有“省铜坊”三字。残径约 18 厘米。

铜钱 4 枚。一枚残破。其中“开元通宝”3 枚，径 2.5 厘米；“唐国通宝”1 枚，径 2.2 厘米。

地券 1 方。青石质，上端截角，形成不规则六角形。以锁链条纹圈边，上端两道绳索

图一　青白釉盏

图二　青白釉盏

状纹，正面竖划成 14 条直格，无字（原来可能为墨书或朱书，已脱落）。宽 32、高 33 厘米。

墓志　1 方。青石质，上端截角，亦为不规则六角形。以锁链条圈边，上端为两道绳索状纹。正面竖划成二十条直线。宽 46、高 47 厘米。楷书，共 19 行，每行约 18 字（图四）。志文如下。

大宋国故寻阳陶府君十九郎墓志铭并序

府君姓陶讳仁悊，即寻阳之盛族，五柳之明宗，始祖相承，本柴桑人也，居庐岳之西甘泉乡侯溪社。曾门讳超，大门讳珠，父讳宪。并□□云泉，孤高不仕，声尘以布于九江令，议早闻于三楚。太夫人孙氏，生三男，府君即其首子也。幼从师训，长乃立身，德行谦和，风流君子也。府君婚张氏，有五男二女。家□曰庢意，婚孙氏，次曰庢志，未婚，次曰安哥，次曰巠哥 ，次曰足哥。一女丝娘，未娉，二女县姑。兄弟子孙相嗣，二十二口，系税钱五贯文、苗米二十三石并官庄。呜呼，府君年方不惑，以冀保遐龄。岂谓降年不永，于大宋太平兴国八年七月六日寝疾而终于本乡也，享年四十有三。选当年十二月二十八日殡于土名家舍林祖墓营东，本地也。地从东北落坟，作庚向，水流汩出，莫不峰峦蓝欝，瑞气芬芳，为万古之佳城，岁之良塚。奉命略记：芳尘耽申，管见乃为□□。昔英落时相辞，春花绽时悲□□。只知一念向兴中，更尽回心□□□。

墓主陶十九郎，讳仁悊，江西九江人。卒于北宋太平兴国八年（983 年）七月，于当年十二月下葬，享年 43 岁。

墓志所载寻阳与柴桑，均指今江西九江。“五柳”即指陶渊明（约 365 ~ 427 年），字元亮，自号“五柳先生”，晚年更名“潜”，卒后友

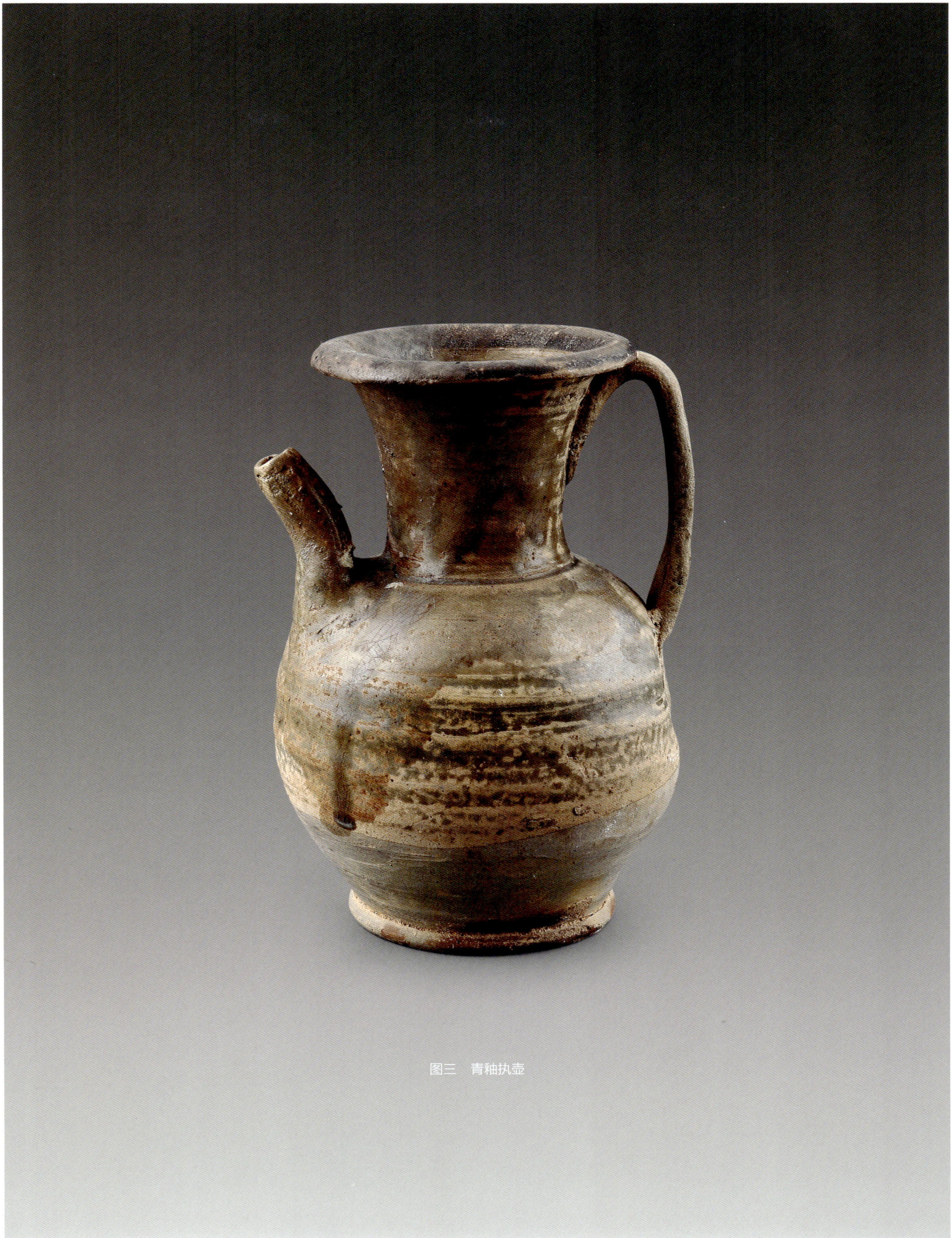

图三　青釉执壶

图四　墓　志

人私谥“靖节征士”，浔阳柴桑（今九江市）人，东晋末期南朝宋初期诗人、辞赋家、散文家、田园诗人、隐逸诗人，曾作《五柳先生传》。从墓志来看，墓主为陶渊明后裔。

（梅绍裘、李科友执笔，原载《江西历史文物》1983 年第 2 期）

九江县 北宋雍熙三年墓

1982年冬，九江县五丰村农民翻地时挖出几件文物，九江县文物管理所闻讯后派员前往调查，并征收了全部出土文物。文物出土地点在县城沙河街北4公里被当地称为“纱帽山”的山脚下，临近耕地，东距南浔铁路约100米。据发现人介绍，地面下似为一长方形墓穴，但没有发现墓砖、葬具或人骨，仅捡到几枚锈蚀严重的铁棺钉。据此推测其可能为一竖穴土坑墓，因遭严重毁坏，形制大小不明。现将出土器物介绍如下。

出土器物共6件，有陶器、瓷器、铜器，另有墓志一方。

青白釉葵口碟 1件。葵口，圆唇，五瓣瓜棱形弧腹，大圈足。施青白釉，釉质莹润，圈足内露胎，胎白坚致。口径9.5、底径4.7、高3厘米（图一）。

白釉唇口碗 1件。唇口，弧腹壁，矮圈足。施白釉不及底，釉色泛黄。出土时破碎，经修补复原。口径12.5、底径4.2、高4厘米。

陶双系罐 1件。唇口，短颈，丰肩，弧腹下收，假圈足。肩颈间对称设有两系。釉已全部脱落，灰泛红色陶胎。口径8.8、底径5.7、高10.3厘米。

黄褐釉陶四系壶 1件。喇叭形口，沿外卷，长直颈，丰肩，肩部塑有四环形系，浑圆腹下收，

图一　青白釉葵口碟

图二　都省铜坊倪成铭文铜镜

小平底内凹，最大径在肩部。施黄褐釉不及底，釉有开片，玻璃质感强，有垂釉现象。胫至底露红褐色陶胎。口径13.5、底径10、高36厘米。

都省铜坊倪成铭文铜镜 1件。镜呈圆形。周边有宽边凸棱，小圆形纽。镜背素地铸阳文"都省铜坊十二月官匠人倪成"12字铭文，字体大小不匀，排列也不规整。胎质轻薄，呈黑色。直径16、厚0.2厘米（图二）。

"都省铜坊"铭文镜是五代时期南唐和吴越国流行的铜镜，入宋以后，逐渐减少，北宋前期在原南唐和吴越国统治区仍有使用。

墓志 1方。青石质，横长方形。志首左右抹角，周边饰网格纹、锁链纹和云纹。宽57、高49厘米。志文从右向左书写，19行，满行23字。志文如下。

维唐雍熙三年丙戌六月三十日，豫州汝南郡母亲阿周身亡。伏维灵敬祥□□重上延，崩背□溃，烦□无所，追□攀□。辞踊丑内，分崩泣血，碎身不能□没。伏维□□之灵仁和柔美，亲戚钦崇，孝义两全，乡坊敬仰，本望长居，世表□阴，家门何期？疾瘳启临，致归泉路，使骨肉悲叹，孙儿伤嗟。闵□旻天，五情崩裂。阿周有男女七人，长曰敬祥，婚问太原郡□吴；次曰敬福，婚问穆州郡周□；次曰敬□，婚问太原郡□□；次曰敬仙，婚问陈□。长女婚事陈留郡何荣，次女婚事徐州□郎，□可能，次女婚事泾州安定郡胡廷保。长孙承□婚□清河郡，次孙承明，未过婚问，长曰男祥，见六□家门付于□。侄孙于当年九月十九日甲申殡于自己山岗土名团岭。其地气来，山水流入。□六涡灵，年代深远。岗垅改移，遂乃对之为名。铭曰：

广天府大人，处事能人。生传美誉，死有嘉声。□□小疾，□□周□。百方无验，使奄泉局。千秋万岁，花阴家庭。鬼走鸟飞，百岁可期。填嗟泉逝，地将执道。□□洒□，觇女含悲。泉州陵合，福应长兹。

墓主阿周为一女性，卒于北宋雍熙三年（986年）六月，于当年九月下葬。但生年、姓氏、居址失载。墓主孙辈已长大成人，推知其死时已是老年。值得注意的是，墓志奉称南唐国号，而纪年又使用北宋雍熙年号，雍熙三年为986年，其时南唐已亡国十一年。据史书载，南唐中主李璟早在后周显德六年（959年）就奉后周正朔，入宋后又奉行北宋年号，宋太祖建隆三年十一月曾"赐南唐建隆四年历"，至南唐灭亡时民间习用宋历已十几年了。至于九江一带民间袭用南唐国号，也是有历史原因的。南唐亡于北宋开宝八年（975年）十一月，而江州（今九江市）守将胡则、宋德民孤军据城又坚守了五个月，至开宝九年（976）四月丁巳"曹翰拔江州，屠之，擒牙校宋德民、胡则等"，且"屠城无噍类，兵八百"。这起屠杀使江州百姓对宋朝廷产生仇恨，以致在版图归宋十年后民间仍沿用南唐国号，并反映在为死者撰写的墓志里。

（刘晓祥执笔，原载《文物》1990年第9期）

九江市
北宋咸平五年墓

1972 年，九江市发现北宋咸平五年李贞墓，发掘情况及墓葬形制皆不详，出土器物有青白釉折肩钵 1 件、陶瓶 1 件、褐釉双系陶罐 6 件、陶碟 1 件、石砚 1 方、墓志 1 方。现介绍如下。

青白釉折肩钵　1 件。平口，短直颈，斜折肩，斜腹下收，平底。内外施青白釉，釉泛青黄，颈肩处有积釉，呈灰绿色。整器素地无纹，平底露胎，胎质洁白细腻，外底有支钉痕，为匣钵装烧而成。口径 16.1、底径 8.5、高 19.2 厘米（图一）。

素胎陶双耳瓶　1 件。口微敞，颈中部微凸，两耳残，肩部堆塑绳纹一周，长弧腹下收，平底。器身有数道旋轮纹拉坯痕，素陶胎，胎呈灰色。口径 8.1、底径 8、高 23 厘米（图二）。

褐釉陶双系罐　4 件。形制大小相同。敞口，卷唇，短束颈，椭圆形腹，平底内凹（图三）。有双系，双系对称竖贴于颈肩之间（图四），另两件双系对称横贴于肩部，器身旋轮纹痕明显（图五）。施褐釉，釉大部脱落。器内、胫

图一　青白釉折肩钵

图二　素胎陶双耳瓶

部、平底露胎，胎呈灰色。口径 9、底径 7.5、高 14.2 厘米。

褐釉陶双系小罐 2 件。形制大小相同。敞口，束颈，腹浑圆，平底内凹，双系对称横贴于肩部。器内外施褐釉，一件釉几乎全部脱落。胫部至底露胎，胎呈灰色。口径 7、底径 5、高 8.5 厘米（图六）。

素胎陶弦纹碟 1 件。敞口，斜腹，平底内凹。器外腹刻划三道弦纹，全器素胎，胎呈灰色。口径 12.5、底径 4、高 3.5 厘米（图七）。

“凤”字形石砚 1 方。青灰色，“凤”字形抄手砚。砚墙残缺，砚体裂补。长 12.5、宽 6.5 厘米（图八）。

墓志 1 方。宽 63、高 82 厘米。楷书，30 行，满行 36 字。志石已残断。志文如下。

大宋国前摄黄州教练使陇西郡殁故李府君墓铭并序

太平观道士汾阳郭元素述。

府君讳贞，字赞明，祖上本江淮楚泗人也。以诗书继世，礼乐传家。先父讳承训，母叶氏，则故宁国县宰之处子也。先父不仕，好玩清流，多泛舟商贾，以遂优游于烟景也。值以世宗划江分界，先人遂移家就于九江，止于赤乌，今为瑞昌县人也。府君有弟讳粲，寄寓湓城，不幸短命死矣，已归殡于瑞昌祖父坟茔之所也。又有妹三娘子，娉九江申君之门，亦盛年而丧逝矣。噫！府君痛以手足支离，恐其骨肉分散，遂迁居于江州广阳桥之西南。府君少也，遍览经史，三教俱通，宛然有君子之风，卓尔立丈夫之志。加以仁慈及物，惠爱修身，四远宾朋

图三　褐釉陶双系罐

图四　褐釉陶双系罐

图五　褐釉陶双系罐

慕义而至者，熟不仰其嘉名也。黄州太守、中书舍人乐公，知府君之公廉，慕府君之气义，翌日使车远降，简牒俄临，命府君摄本州教练使。自此声名益著，门望弥昌。本郡执事朝郎，及以往来星使，响其徽猷，靡不造其门仞者也。府君悉以厚礼迎逢，曾无虚日矣。府君乃门惟积善，遐寿合延，奈何世不长居，死生有命。于皇宋咸平五禩岁在壬寅，府君以美疢忽婴沉疴，遽至药石之能弗理，针艾之术无功，祷也不应，符也不灵。府君享年六十有三，于六月二十四日大限俄终，归于逝浪。吁所喏者，府君有嗣子佛奴，才方五岁；侄男胜安，始年十二；妻

图六　褐釉陶双系小罐

图七　素胎陶弦纹碟

图八 “凤”字形石砚

室俞氏二娘，亦当耳顺；有女巩鹿，八郎长史乃南康军大族名家之子也。家多余庆，户烈贤豪，以孝悌而资身，用忠良而蕴德，其余温雅美誉，仁义英奇，礼让门风，博文富赡，此不可造次而述焉。府君仰其善价，以长女四娘而妻之。侄女五娘，娉九江蒋七郎，其如容仪佩玉，情义断金，德业芳馨，动止有则，此故无得而称焉。府君有姐大娘子，先娉王氏之门，不幸良人中夌，守寡同居，绵历星岁。有妹二娘子，娉江城杨十郎。且府君存昔，每有营谋作创，事无大小，未尝不以妹夫杨君十郎评议者耳。可否之间，悉皆允叶，实谓同德同心，如胶如漆，非陈雷之知，无以类其美也。是日府君临终，即命妹夫杨郎而告之曰：“余不起斯疾矣，所恨儿侄幼稚，血属无依，若非杨郎维持，更何托也。余之身后，并老幼一家，并托杨郎管领，无使孤露矣。夫如是，则杨郎骨肉之道，尽始尽终，余归泉壤之间，复何忧何念耳。”于是杨君诺其遗嘱，胡敢轻忘，矶矶孜孜，匪朝伊夕，营其葬礼，及以追修，选下高原，安其宅兆。以当年十二月二十三日，于德化县德化乡港南社土名砖窑冲安殡，莫不宾朋伤感，血属悲摧，攀慕哀号，同至坟所。元素叨府君之异念，追府君之事迹，直笔而书。乃为铭曰：猗欤李君，名迹隆芳。形神落落，气宇堂堂。性齐金石，德重圭璋。实江城之耆德，乃郡邑之祯祥。胡为天地，不福贤良。俄婴厥疾，遽掩泉乡。想幽关之寂寂，叹逝水之忙忙。念尊仪兮永别，思恩德兮宁忘。风引人情兮惨切，月笼夜景兮凄凉。孤坟悄悄兮寒来暑往，松柏萧萧兮地久天长。

墓主李贞，字赞明，今江西九江市人，官至黄州教练使。卒于北宋咸平五年（1005年）六月，享年63岁，于当年十二月安葬于德化县德化乡，即今江西九江县境内。撰述者郭元素，汾阳人，北宋咸平年间为江西庐山太平观道士。

（该墓资料尚未正式发表，现藏于江西省博物馆）

瑞昌市
北宋天圣三年墓

图一　越窑青釉刻划弦纹盘口瓶

1982 年 11 月，瑞昌县（今瑞昌市）黄桥公社白杨大队新屋王村社员在取土时发现一座宋墓。瑞昌县博物馆收存了此墓的出土文物，并调查了此墓的形制及器物出土情况。

墓葬位于黄桥公社白杨大队新屋王村前旱田内，距公社 8 公里。墓为竖穴土坑墓，方向 353°。墓口距地表 0.8、长 2.72、宽 0.98 米。死者骨架无存，葬式不明。随葬器物全部置于墓室东南，地券平放于墓底，旁边放置越窑青釉盘口瓶，内装铜钱；瓶口上叠放两只青白釉碗；与瓶并排放置青白釉点彩盒及铜刀。

越窑青釉刻划弦纹盘口瓶　1 件。盘口，直颈，浑圆丰肩，弧腹下收，圈足，造型优美。肩部刻划有三道凹弦纹。通体施青釉，釉质莹润，有细小开片。口径 12.5、底径 6、高 28 厘米（图一）。

青白釉点彩盒　1 件。盒呈扁圆形，子母口，斜腹壁，圈足，施釉不及底，有细小开片。盖顶平，盖上饰褐斑点彩。口径 12、底径 5、通高 8 厘米（图二）。

青白釉刻划莲瓣纹碗　1 件。侈口，弧腹，圈足。外壁刻划莲瓣纹。施青白釉，釉色青中泛黄，有细小开片，白胎。口径 10、底径 5.4、残高 3.5 厘米（图三）。

青白釉碗　2 件。一件敞口，斜弧腹壁，圈足。施青白釉，釉色青中泛黄，白胎。口径 16、底径 6.8、残高 5.8 厘米。另一件内底饰一道弦纹。施青白釉，白胎。底径 7.2、残高 3.6 厘米（图四）。

图二　青白釉点彩盒

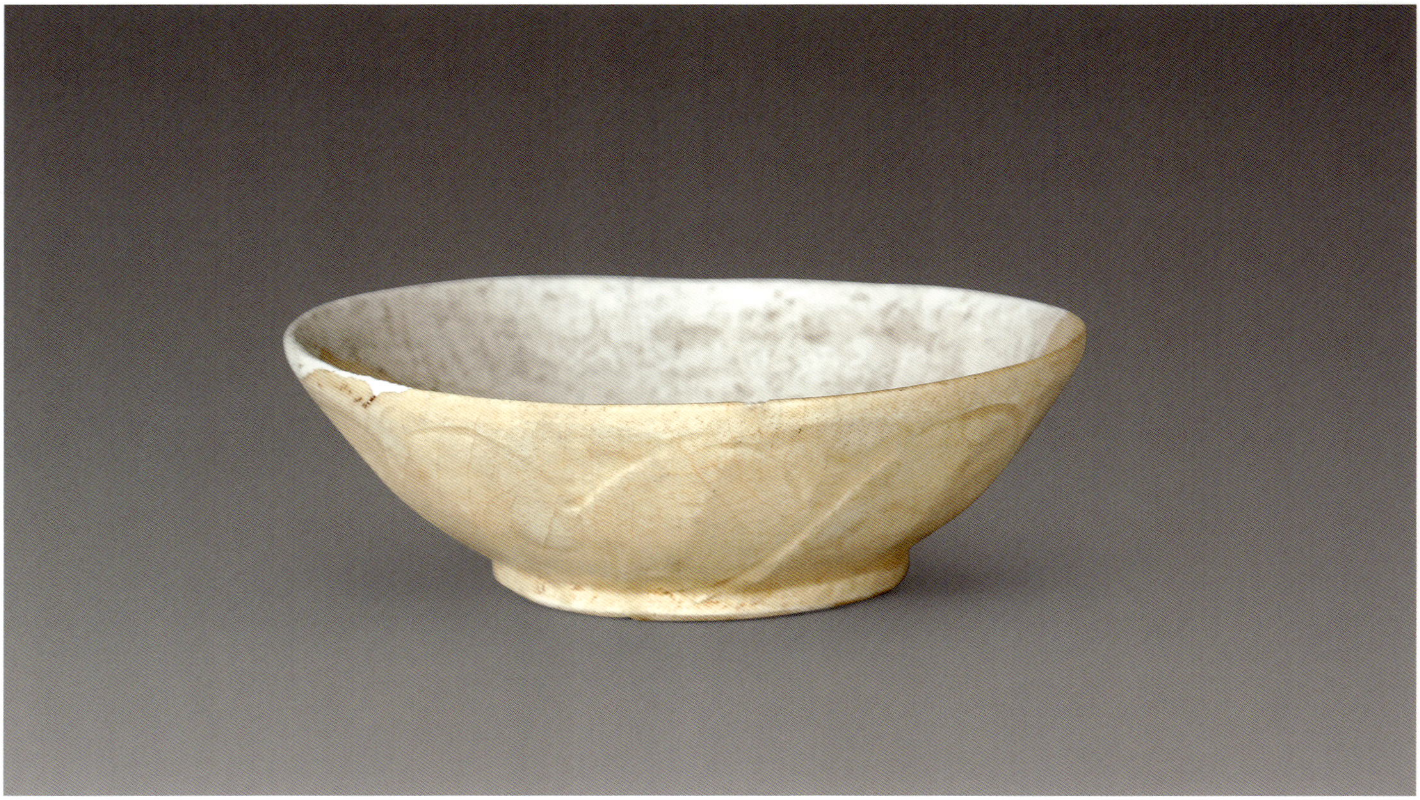

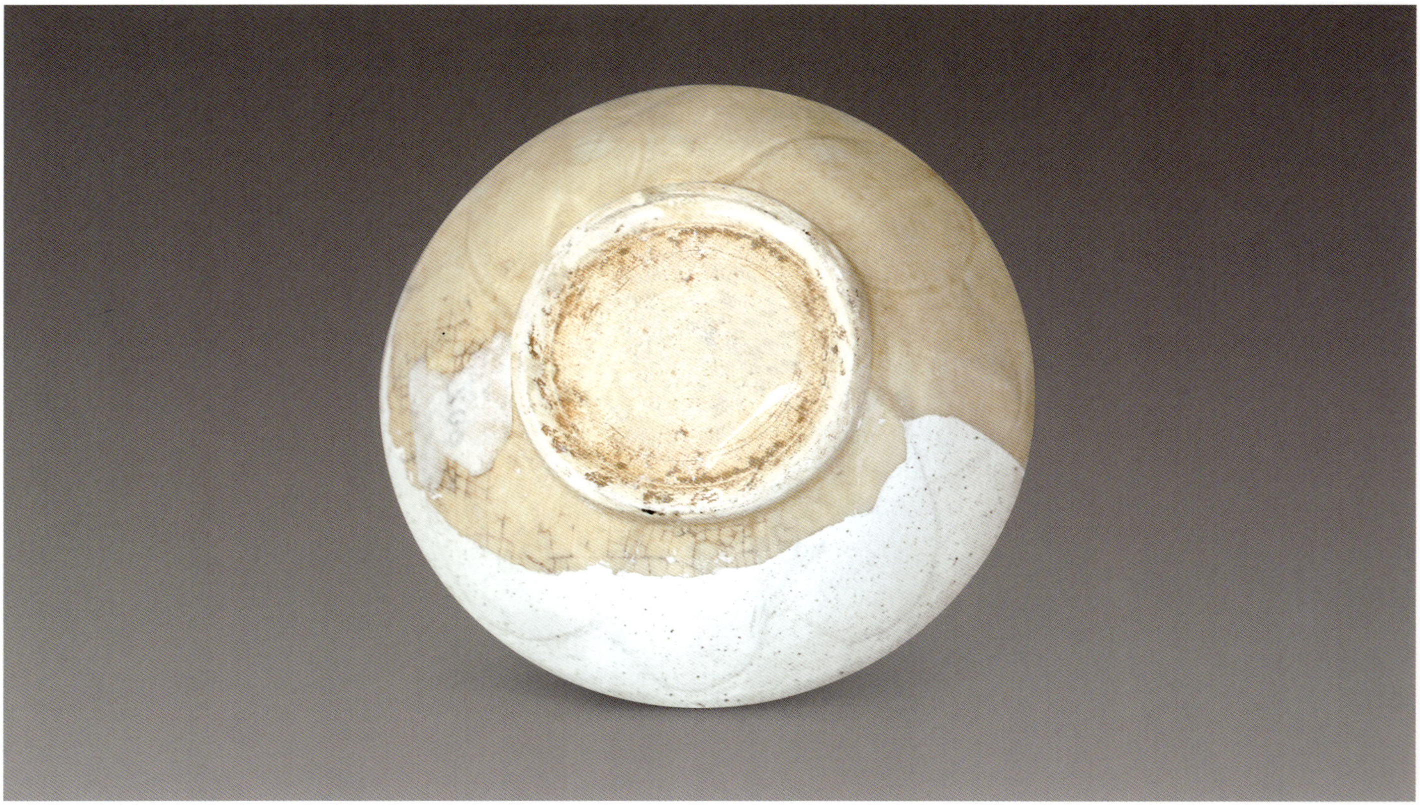

图三　青白釉刻划莲瓣纹碗

图四　青白釉碗

图五　铜　刀

铜刀　1 件。形体较薄，刃部弧形。残长 9、宽 3 厘米（图五）。

铜钱　若干，多已严重锈蚀，仅存“太平重宝”4 枚、“乾元重宝”2 枚。

地券　1 方。圭形，青石质。券首上部刻划两条横线，其上刻划缠枝纹，其下由竖线分为 15 行，券文自左向右书写，共有 10 行，字迹潦草。宽 39、高 43 厘米（图六）。券文如下。

维宋江州德化县甘露乡双泉院迁化僧义女，于天圣三年岁次乙丑九月庚辰，亡人陈僧义女寡命，奄今是冢姓。长岁利月吉日□买冢地，付钱五千贯文，□相次付，更无欠少。时知日知见与日交刀。土下二千石、四方营□、都县长、丘□暮夜、功曹、社稷见君启知，东西南北各有廿步，属亡人。其地岁神北近冢之者，不得横相侵夺。当诣土伯，□法科罪，山积不得。其子孙当合亡人者安乐，生人富贵，事宜千千秋万岁，无有姆伤。何人书，□书。何人读，□读。□非上天。有人来相□，□来东海边。急急如律令。

从券文可知，墓主为陈僧义女，今江西九江县人，葬于北宋天圣三年（1025 年）。

江州即今江西九江市。东晋置江州，辖境为江西大部，后南朝多次分割，使江州辖境变小。唐代李吉甫《元和郡县图志》卷二八记载江州：“因江水以为名。”江州是唐宋时期的行政区划之一。地券所载德化县，五代南唐改浔阳县置，1914 年，因与福建德化县同名，改为今江西九江县。

（刘礼纯执笔，原载《文物》1986 年第 1 期）

图六　地　券

瑞昌市
北宋景祐二年墓

1983 年 3 月，瑞昌县（今瑞昌市）大德山林场内港大队社员开荒时发现一座宋墓。瑞昌县博物馆收存了出土文物，并调查了此墓的形制及器物出土情况。

墓葬位于大德山林场内港大队老虎颈村后 0.5 公里的山坡上，距林场 3 公里。墓为竖穴土坑墓，方向 180°。墓口距地表 0.4、长 2.87、宽 1.25、墓室深 1. 09 米。骨架和棺木已无痕迹。据发现者介绍，随葬器物放置分散，部分器物内盛有锯末；铜钱散布在墓底，因锈蚀严重，多已朽成粉末。现介绍如下。

青白釉葵口碟 1 件。葵口，口沿外撇，六瓣瓜棱弧腹，圈足。葵口下外凹内出筋，内底饰弦纹一道。施青白釉，釉色米黄，有细碎冰裂纹开片，圈足露胎，胎呈白色。口径 12.5、高 3.3 厘米（图一、二）。

酱褐釉刻划弦纹双系盘口执壶 1 件。盘口，束颈，溜肩，浑圆腹，平底内凹。肩部刻划弦纹三道，上塑有扁平把手和泥条状双环形系，短流。施酱褐釉不及底，釉几乎脱落殆尽，灰黑胎。口径 6.4、底径 5.4、高 10.4 厘米（图三）。

酱褐釉双系罐 1 件。敞口，沿下翻，短束颈，溜肩，鼓腹，平底。肩部对称塑有横向泥条状系，腹部旋轮纹拉坯痕明显。施酱褐釉不及底，釉几乎全部脱落，黑胎泛灰。口径 6.5、底径 6、高 8 厘米（图四）。

酱褐釉刻划弦纹双系罐 1 件。敞口，沿下

图一　青白釉葵口碟

图二　青白釉葵口碟

图三　酱褐釉刻划弦纹双系盘口执壶

翻，短束颈，溜肩，微弧腹，假圈足。肩部刻划弦纹，上对称塑横向双泥条形系。施酱褐釉不及底，釉已大部脱落，灰黑胎。口径 9、底径 7、高 11.5 厘米（图五）。

都省铜坊铭文铜镜 1 件。直径 13.2 厘米。镜呈圆形。小纽，背面铸有铭文“都省铜坊官匠人□谅”九字，周边有凸棱（图六）。

铜钱 2 枚。均为开元通宝（图七）。

地券 1 方。青石质，圭形。券首上部刻一横线，其上刻缠枝纹，其下由竖线分为 14 行，铭文自右向左刻满，字迹潦草。宽 37.5、高 41.5 厘米（图八）。券文如下。

维宋景祐二年岁次乙亥三月初四日，元有殁故亡人四娘，年七十九岁。生居城郭，死归塚宅，葬不女□□相地匆吉□。请得此乡南执保女厝塚□，雇付钱万□□九百九十九贯，买得此地。东至青龙，西至白虎，南至朱雀，北至玄武，内方勾□，□承墓佰。□为界柈，道路将军，整千百。千秋万岁，永无殃祸。不得诃禁者，将军亭长收付何□。百未分析，南北四域界柈，悉无干犯，永保休。汝上到吉良，无祸无殃无病。世以□□□□，蒙善神扶护□，□□如律令。□瑜户系税钱玖百叁拾□□，系米九□。亦家□卌壹口，住□屋水二土□□瑜。男□胜立。

从券文得知，墓主为四娘，葬于北宋景祐二年（1035 年），卒年 79 岁。

（刘礼纯执笔，原载《文物》1986 年第 1 期）

图四 酱褐釉双系罐

图五 酱褐釉刻划弦纹双系罐

图六　都省铜坊铭文铜镜

图七　开元通宝

图八 地券

德安县
北宋景祐四年墓

1966年3月，德安县河东公社红青大队第五生产队社员在兴修水利过程中发现了一座纪年宋墓。墓室为长方形竖穴，用条形青石砌墓壁，石板盖顶，墓底铺设石灰三合土。长3.5、宽0.86、深0.86米。方向340°。墓室内除残余腐朽棺木和人骨之外，出土器物有青白釉折肩钵、青白釉褐色点彩盒、青白釉执壶、铜钺、铜镜、石砚、铁鼎、墓志等（图一）。出土器物介绍如下。

青白釉执壶 2件。形制大小相同。喇叭形口，折沿，直颈，一件斜折肩，一件斜溜肩，弧腹，矮圈足。颈部满印饰弦纹，肩一侧置微弯曲的短流，流口低于壶口，对称处为扁平把手，把手外侧印饰竖弦纹。器身留有数道旋轮纹拉坯痕。施青白釉，一件釉汁莹亮，一件色微淡泛黄，釉面有不规则条状龟裂。圈足露胎，胎质洁白细腻。口径6、底径7、高13.7厘米（图二、三）。

青白釉折肩钵 1件。敞口，束颈，斜折肩，斜腹壁下收，平底。施青白釉，釉质莹亮，

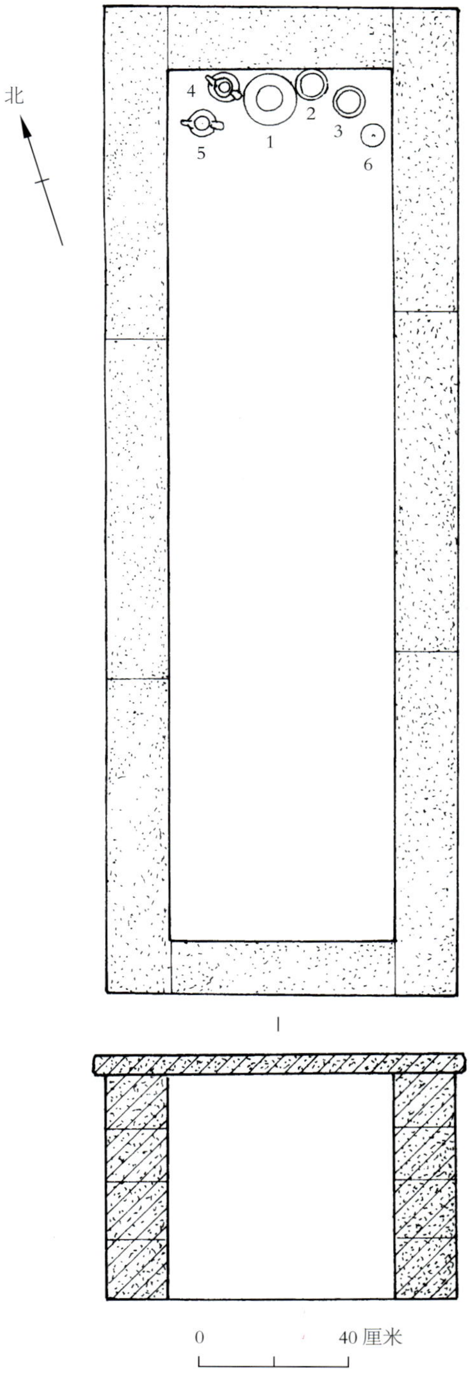

图一 墓葬平、剖面图

1. 青白釉折肩钵 2、3. 青白釉褐色点彩盒 4、5. 青白釉执壶 6. 铜镜

图二　青白釉执壶

图三　青白釉执壶

釉面呈细条状龟裂。平底露胎，胎质洁白细腻。底边隐约可见八个支钉痕迹，五代流行的支钉装烧工艺一直延续到北宋。口径 21.2、底径 8.2、高 9.7 厘米（图四）。

青白釉褐色点彩盒 2 件。形制大小相同。盒呈扁圆形，形似竹节状。子口，圈足。圆形微弧拱盖，中央饰一圈凸棱，盖面饰五大块点状褐斑，腹壁饰弦纹呈竹节状。施青白釉不到底，釉质莹亮，盖内、子口、胫部至足露胎，胎白坚致。口径 11.2、底径 5.9、通高 6.6 厘米（图五）。

墓志 1 方。圭形，青石质，两上角斜杀，镌刻缠枝花纹。楷书。21 行，满行 30 字。宽 62、高 70 厘米。志文如下。

皇宋江州德安县蔡府君墓志铭并序

博阳山遗民康济撰。

府君讳清，字世平，上望陈留，代居当邑。即周文王之子世度，受封于蔡，因是其姓，即其始祖也。曾祖讳殊，祖讳晔，王父皇考讳环，履世韬光，继而弗仕。皇考再婚豫章熊氏。太夫人有子二人，府君即其长也。奉亲以孝，事长惟恭，友直尊贤，履信思顺，雍容禀性，在丑挥不争之名，敩学居心，处众擅迈伦之誉。始婚豫章，熊氏夫人令望素高，淑德兼茂，伤蒸等哲，贺发齐眉。岂谓积善无征，先谢于世。产男三人，女一人。长曰知述，婚太原王氏，有男女孙三人。次曰知格，婚陇西李氏，有女孙一人。次曰知敏，婚广平程氏，有男孙二人。女曰十六娘子，娉上谷燕郎。府君以熊氏既丧，内正阙司，遂再醮汝南周氏，淑德令猷，继芳前室。产男二人：长曰知象，问北海查氏。未归；次曰知白，在幼。此五子锋神颖秀，识量渊宏，每乐善以下贤，常体仁而友直；观其通变，崇高可期。府君以景祐四年仲秋偶违寝膳，遽渍沉绵，祷遍以灵饵，穷百药，竟妭童而入梦，俄天算以云终。于当月二十三日，殁于私第，享年六十六岁，儿女号踊，亲族悲凉，施及里闾，

图四　青白釉折肩钵

图五　青白釉褐色点彩盒

歌春绝韵。迨当年岁次丁丑十二月戊辰朔十七日甲申，礼葬于兴德南社，土名书堂垅祖坟内，自己之地，以附于先域之所。其地也，雄如虎踞，南瞰博阳。其水也，涌若虬奔，东潮敷浅。加以星临三吉，位应六神，龟筮协从，永安宅兆。济蒙至孝，含哀拉血。求为志铭，文不渐荒，直纪时代。铭曰：

混元既辟，二仪斯形。爰生万物，惟以寂灵。府君之灵，钟于人杰。颙以印印，莫之与列。伤哉斯人，宗亲规矩。无何节宣，药石弗愈。英姿既谢，窆此崇丘。勒斯琬琰，与天齐休。

墓主蔡清，字世平，今江西德安县人，病卒于北宋景祐四年（1037 年）仲秋，享年 66 岁，葬于同年十二月。

撰文者康济为博阳山人，博亦作傅或敷。《汉书·地理志》豫章郡历陵县："傅阳山、傅阳川在南，古文以为敷浅原。"《通典》谓江州浔阳县蒲塘驿，即汉历陵也。"驿前有敷浅原，原西数十里有傅阳山"。唐代蒲塘驿即今江西德安县，故一般认为博阳山在德安县境内。

（彭适凡、唐昌朴执笔，原载《文物》1980 年第 5 期）

德安县
北宋景祐五年墓

1978年11月，在德安县城南门畈因挖下水道发现古墓葬一座，德安县文艺站闻讯后及时赶赴工地进行了发掘清理。该墓地处距离县城约250米的蔬菜七队境内，东距博阳河近百米，西距南浔铁路250余米，周围均是蔬菜地，地表没有坟塚遗迹。墓室距地表1米，用4块青石板平铺覆盖，石板长1.32、宽0.96、厚0.1米。墓向为南北向。墓室长3.5、前宽0.94、后宽0.8、高1米，除盖顶采用青石板外，其余由青砖构成，砖长28.5、宽12.5、厚5厘米。底砖平铺，置一腰坑；墓室东西壁有对称的梯形小壁龛2个（图一）。墓室内存整板木棺一具，棺之前端立有墓志一方，棺后端立有无字石碑一方。木棺长3、中段宽0.5米，两端挡板已朽。墓室及棺内填满淤泥，人骨架已腐朽。出土器物如下。

青白釉刻划弦纹折肩钵 1件。敞口，束颈，斜折肩，斜腹内收，平底。肩部、腹部刻划有弦纹。施青白釉不及底，釉色白中泛黄，胫部至底露胎，胎质洁白细腻。口径21、底径8、

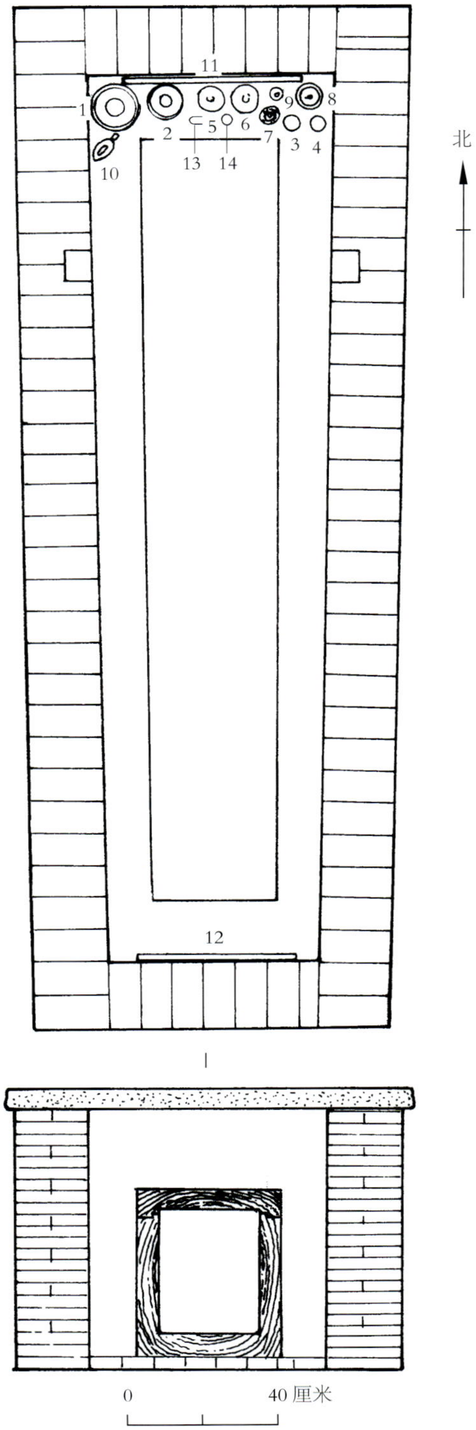

图一　墓葬平、剖面图

1. 青白釉刻划弦纹折肩钵　2. 青白釉堆塑荷花人物纹盒　3、4. 青白釉荷梗纽点彩盒　5、6. 青白釉碗　7. 酱褐釉陶四系罐　8. 铜镜　9. 青白釉扁腹盂　10. 铜熊斗　11. 墓志　12. 石碑　13. 银钗　14. 铜钱

图二　青白釉刻划弦纹折肩钵

高 10 厘米（图二）。

青白釉堆塑荷花人物纹盒　1 件。盒呈扁圆形。子母口，矮圈足。盖顶面平，上刻划两大朵牡丹花纹，盖壁刻划缠枝卷草纹，牡丹与卷草之间以凸弦纹相隔。盒内堆塑以荷花花蕾为中心，向三个不同方向伸藤，将盒内分成三个部分。其中两处为荷叶形小碗，一处为一小罐，罐对面塑一梳双发髻的女俑，发髻用褐彩点饰。施青白釉，釉色明亮，白中闪青，胎质洁白细腻。形态逼真，造型精巧，堆塑手法高超。口径 18、底径 10、通高 8 厘米（图三）。

青白釉荷梗纽点彩盒　2 件。形制大小相同。盒呈圆柱形。子母口，平顶，下腹内收，矮圈足。荷梗状纽，盖面饰七块褐色点彩（图四）。其中一件器腹壁上刻划有凹弦纹两道（图五）。施青白釉，釉质莹润，釉面有冰裂纹开片。胎体稍厚，胎质洁白细腻。口径 5.8、底径 4、通高 4 厘米。

青白釉扁腹盂　1 件。盂呈扁圆形。平口，短颈，斜溜肩，扁圆腹，圈足。施青白釉，釉质莹润，胎质洁白细腻。造型小巧玲珑。口径 3.4、底径 3.5、高 3.5 厘米（图六）。

青白釉碗　2 件。形制相同，敞口，圆唇，斜腹，平底，施一层较薄青白釉，釉面粗糙。口径 12.5、底径 5、高 4.2 厘米（图七）。

酱褐釉陶四系罐　1 件。短颈，长鼓腹，小平底。肩部饰有四系，器身施酱褐釉，胫部至底露胎。口径 9、底径 9、高 28 厘米。

铜镜　1 件。呈圆形。背部中央有小纽，周边有凸棱。

图三　青白釉堆塑荷花人物纹盒

图四　青白釉荷梗纽点彩盒

图五　青白釉荷梗纽点彩盒

铜钱　3枚。分别为“天禧元宝”铜钱1枚、“祥符元宝”铜钱2枚。

铜鐎斗　1件。形制不辨。

银钗　1件。形制不辨。

墓志　1方。楷书。32行，满行31字。碑额隶书刻写“彭城刘氏夫人墓志”，分4竖行书写。志文楷书，30行，满行31字。宽69、高77厘米（图八）。志文如下。

皇宋江州德安县石府君夫人刘氏墓志铭并序

博阳山遗民宋卿撰。

夫人上望彭城，代居当邑，即帝尧之遐裔也。曾祖讳××，祖讳××，王父皇考讳祚，皆蕴令德，擅誉当时，性乐林泉，高尚弗仕。夫人即其长女也，才优赋雪，哲迈伤葵。洎乎笄年，归于武威石府君讳□□。德门贻庆，令族传休，克袭弓裘，善膺基构。既获偶于夫人，实谓芝兰□秀，金玉相宣；女萝爰附于乔柯，淑媛喜从于君子。至于采蘩助庙，佩悦奉□，于□功以成妍，在妇容而无爽。咸谓齐眉靡忒，偕老可期；岂意良人先谢于世。夫人育四男二女。男长曰莹，婚上谷燕氏，育孙男三人，女孙一人。次曰□信，不幸短命而先早亡。其次曰文进，婚汝南周氏，

图六　青白釉扁腹盂

图七　青白釉碗

育男孙四人，女孙一人，亦先亡矣。又其次曰文用，婚荥阳郑氏，育男孙一人，女孙一人。此今二子，幼挺奇节，长负令猷，每乐善以下贤，常体仁而友直；观其通变，崇高可期。长子莹，而自父殁之后，独立其志，谨身节用，以养其母，而无一朝之患，惟有终身之忧。虽居上而不骄，俾为下而不乱，暮参晨省，礼敬无违，竭力尽心，夙夜匪懈，事亲孝子有如是焉！又其次子文用，幼亡其父，方逾丱角之年，长事其亲，自有立成之志，孝德可伦于曾子，义徽戡并于孔融；加以屈己伸人，矜孤惠困，克勤克俭，知微知章；言不谩陈，身不妄动，今之孝子义士有如是哉！女二人：长曰大娘子，适乐安任郎；次曰二娘子，适太原郭郎。二女子早因行媒，各从令族，克遵姆训，无爽妇仪。于亲戚间，孰不推美。夫人享年七十九岁，以景祐四年孟冬月十有三日坐于正寝，倏谓诸眷爱曰："吾于汝朝欢聚会，暮恐别离，各善保绥，更不多嘱。"于是眷爱涕泗滂沱，不忍是言，弥增惶恋。靡移顷刻，魄散魂道，遗玉体于高堂，显灵踪于霄汉，是谓神性历历，言语昭昭，何故若兹，莫非阴德！夫人生缘积善，卒也如归；加以五福既周，三从可仰，人生辞世，果感有如是哉。迨景祐五年岁次戊寅十月甲子朔二十二乙酉，礼葬于住舍西南青竹北□，土名桐梧村，自己园内。其地也，崇山栉比，东瞰庐峰。其水也，修碧透迤，北潮敷浅。星临三吉，位应六神；龟筮协从，永安宅兆。予蒙至孝含哀抆血求为志铭，文不渐荒，直纪时代。铭曰：

古谓神道，福善祐贤。无何夫人，已享遐年。夫人贤行，其谁之伦。缅惟往哲，陶母轲亲。伤哉淑媛，素蕴令德。偶爽天和，药石弗克。英姿既谢，懿范宁陻。垂于戚宛，与日长□。

墓主刘氏，今江西德安县人，为石府君之妻，卒于北宋景祐四年（1037 年），葬于北宋景祐五年（1038 年），享年 79 岁。撰文者宋卿所居之博阳山在今江西德安县境内。

（周迪仁执笔，原载《江西历史文物》1979 年第 1 期）

图八　墓志

德安县
北宋康定元年墓

1973 年 9 月，德安县煤球厂职工在城郊义峰山取土时发现一座古墓。墓葬平面呈梯形，长 3、前宽 0.88、后宽 0.75 米，墓室用青砖横竖相间叠砌，墓顶以青石板覆盖，为宋代砖石混合结构的墓葬。出土器物有青白釉盏 1 件、青白釉折肩钵 1 件、青白釉执壶 1 件、青白釉褐色点彩盒 2 件、酱釉陶双系壶 1 件及铁灯盏 1 件、铁剪 1 件、铁烙铁 1 件、铁棒 2 件、石砚 1 方、铜镜 1 件、铜钱多枚、墓志 1 方、地券 1 方。随葬器物分述如下。

青白釉盏　1 件。敞口，弧腹下收，浅圈足。施青白釉，釉质泛黄，开细碎冰裂纹。浅圈足露胎，胎呈白色。口径 11.4、底径 4.8、高 3.6 厘米（图一）。

青白釉折肩钵　1 件。敞口折沿，束颈，斜折肩，斜弧腹下收，平底。施青白釉，釉质肥厚莹亮，平底露胎，胎质洁白细腻。口径 21、底径 8.6、高 10.4 厘米（图二）。

青白釉执壶　1 件。喇叭形口，直颈，斜折肩，弧腹微下收，圈足微外撇。肩一侧置弯曲短流，流口低于壶口，对称处置扁平把手，把手外侧印饰五道竖弦纹。器身旋轮纹拉坯痕明显。施青白釉，釉肥厚莹亮，有冰裂纹，圈足露胎，胎质洁白细腻。口径 7.3、底径 7.1、高 14.6 厘米（图三）。

图一　青白釉盏

图二　青白釉折肩钵

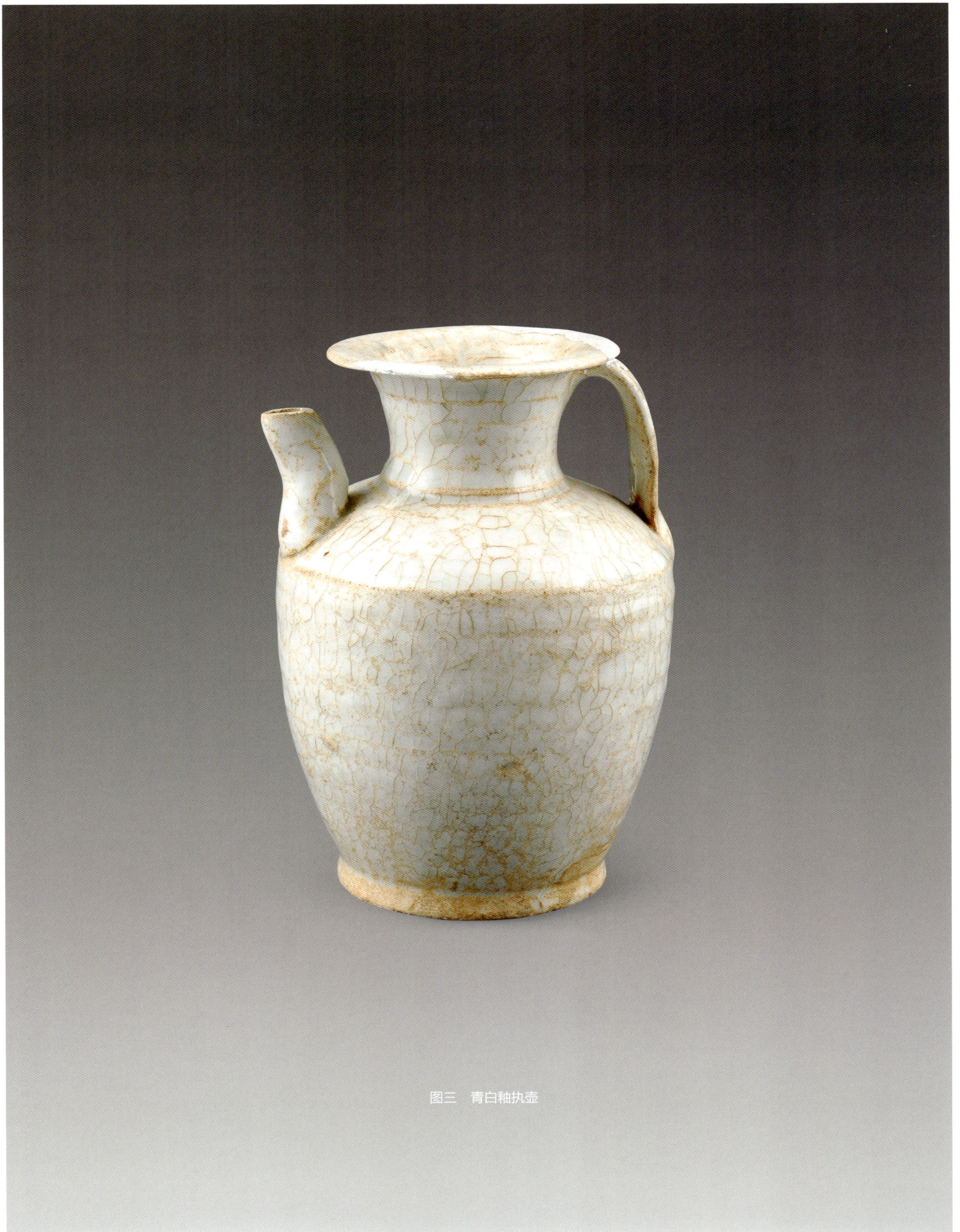

图三　青白釉执壶

青白釉褐色点彩盒 2件。形制大小相同。盒呈扁圆形，形似竹节状。子母口，弧腹壁，圈足。配圆形盖，一盖中央微下凹，另一盖面微鼓，上饰有5个不规则块状褐斑，中央有一圈小凸棱。施青白釉，一盒釉质莹润，釉面有冰裂纹开片，一盒釉色泛黄。口沿、盖内、圈足露胎，胎质洁白细腻。口径10.4、底径6.5、通高7.1厘米（图四、五）。

图四　青白釉褐色点彩盒

图五　青白釉褐色点彩盒

酱釉陶双系壶 1件。唇口，斜颈，溜肩，圆腹下收，饼足内凹。壶流、把手残，颈部、肩部各刻划一组弦纹，两扁泥条状系对称贴塑于颈肩之间。施褐釉不及底，釉大多已脱落。器内、胫部至饼足露陶胎，胎呈灰色。口径 8、底径 8.9、高 21.2 厘米（图六）。

图六 酱釉陶双系壶

墓志 1方。青石质，正方圭形。阴刻楷书。21行，满行 25 字。碑额为“故吴府君墓铭”。高 62 厘米（图七）。志文如下。

大宋江州德安县故濮阳府君墓志铭并序

博阳外民匪石述。

府君讳亮，字虚白，即濮郡人也。其望或出渤海，因太伯季扎姓氏斯大焉。洎后祖枝宗派有居九江敷浅原者，遂为德安人矣。曾祖讳厶，祖讳厶，父讳厶，三代无显仕，咸以商贾为务，自乐于性。府君娶本邑杨氏以妻之，有男二人，长曰文德，娶潘氏；次曰文安，娶王氏。孙男洎女亦盛，于家咸以□□相上，孝道相高，非府君以义方训而有□□□□是哉。府君于宝元三年七月秋染疾□□□□□，药饵有加，无瘳，乃谓家人曰：“吾将长往孝赡于家。”府君至孟秋有七日终于私弟……择康定元年仲冬有十日，窆于长乐乡……梧塘黄孝潼之吉地礼也。孝子捧行状而告云，将□先考敢丏志文，坚让不从于戏。府君直书铭曰：

博阳山北，敷浅原侧。濮阳郡宅，因封太伯。□□□□，□贯涧屋。家肥异族，儿孙和睦。□□□□，□肉无依。里巷皆悽，七十寿芳。□□□□，吉地长流。松柏幽幽，铭纪千秋。

地券与墓志相似，形状略小。

墓主吴亮，字虚白，卒葬于康定元年（1040年）。

（彭适凡、唐昌朴执笔，原载《文物》1980 年第 5 期）

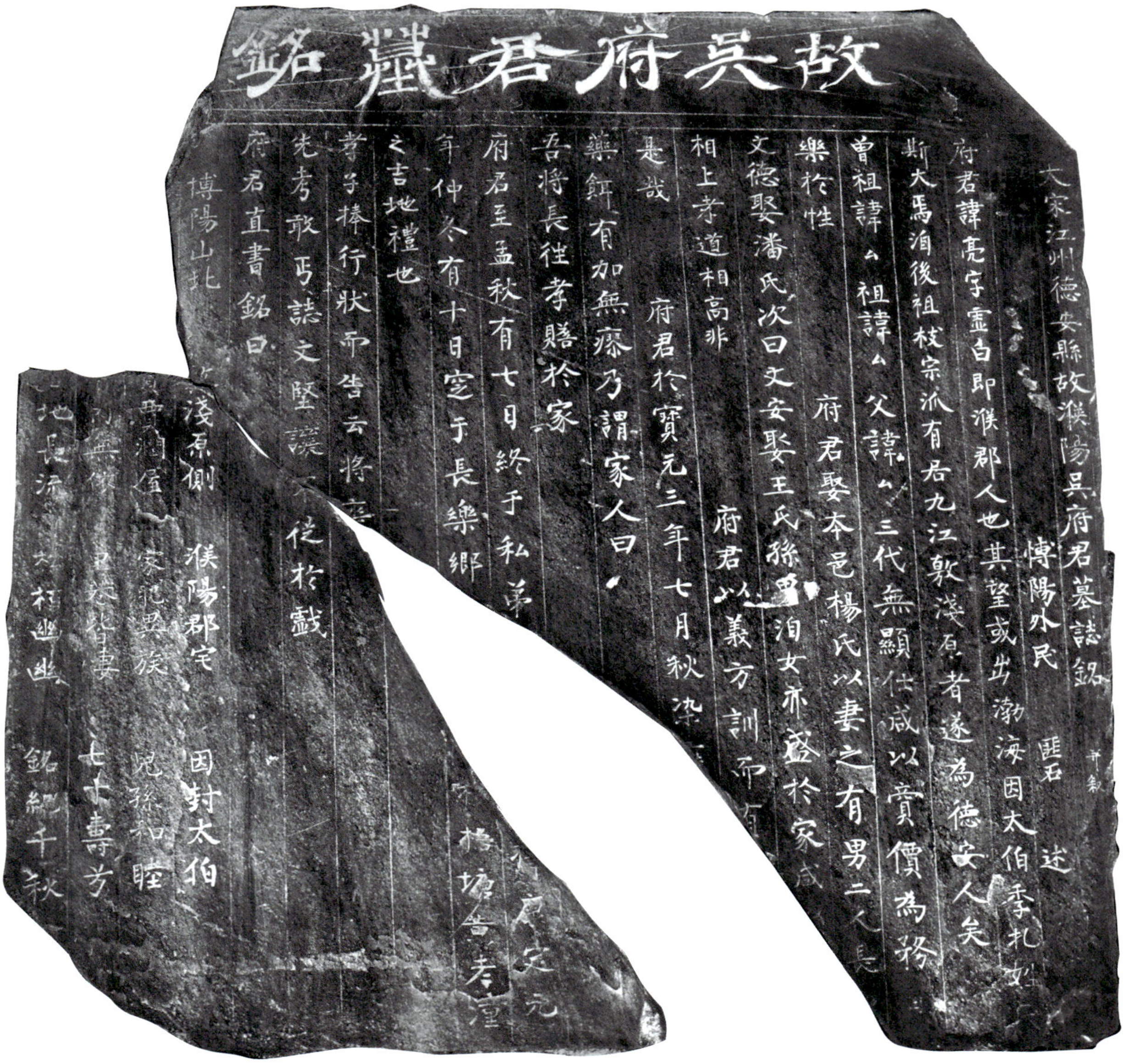

图七 墓 志

彭泽县
北宋庆历七年墓

1962 年 2 月，江西省文物管理委员会工作组在彭泽县先锋公社天红大队的曹家垅山坳斜坡上，清理了一座宋代砖室墓。该墓于 1961 年 8 月由当地社员筑窑取土时发现，墓室前端的随葬器物多已扰乱，且有几尊陶俑被社员取去当玩物，所幸墓室的绝大部分得以保留。

该墓系单室，方向 158°。墓室平面呈梯形，全长 4.72、前端宽 1.84、后端宽 1.6 米，高 1.28 米。墓用平砖和楔形砖结砌，砖色青灰无纹饰；平砖长 30、宽 14、厚 4 厘米，楔形砖长宽与平砖同，仅上端厚 4、下端厚 3 厘米。墓底砖铺作“人”字形，砖隙间均抹黄泥。

墓室周壁的砌法：先在铺底砖上平砌一层，然后竖砌一层，再平砌八层，又竖砌一层，至 0.88 米处起券。在左右两壁各设小壁龛七个，后壁设小壁龛两个。小龛深 22、高 30、宽 14 厘米。龛的上下端各砌有一平砖，该砖向圹壁内缩 4 厘米，每龛置一俑后，再以一平砖封补作龛门，使之与圹壁平齐（图一）。

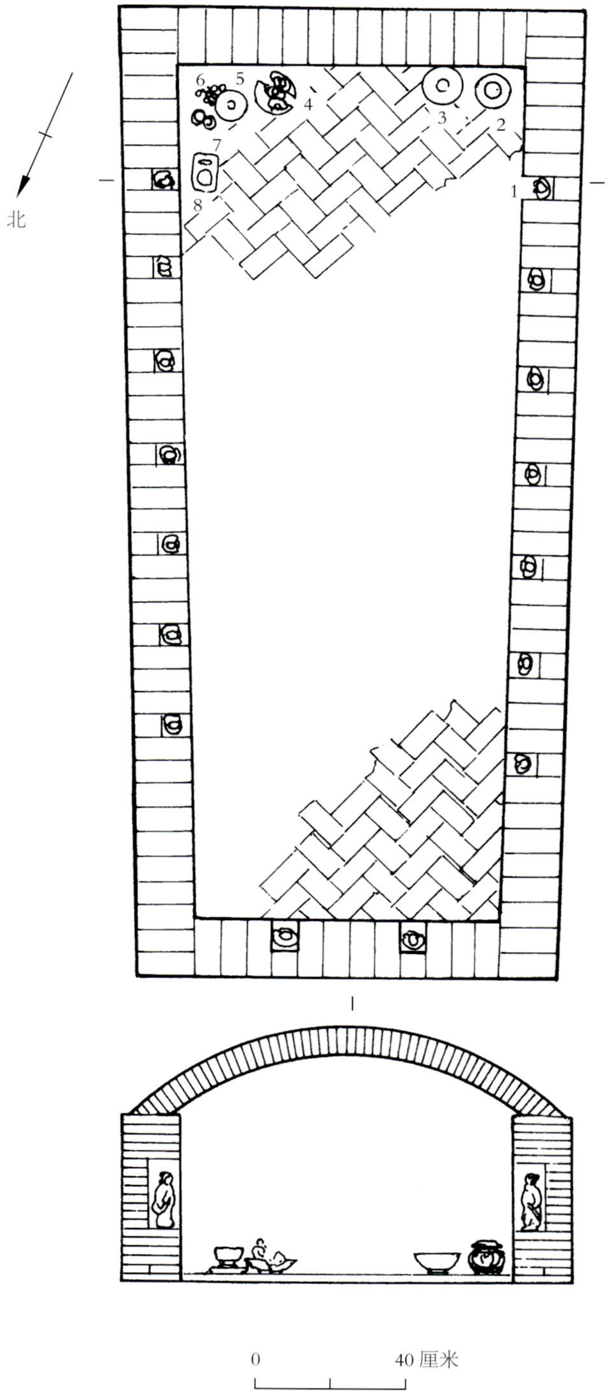

图一　墓葬平、剖面图

1. 陶俑　2. 白釉四系盖罐　3. 青釉碗　4. 瓷盘　5. 素胎陶豆
6. 铜钱　7. 银手圈　8. 石砚

墓内满塞填土及多量的石灰，亦有铁钉发现，棺木及人骨架均朽，但从石灰的痕迹及棺钉的排列情况观察，尚能窥见棺木的大致痕迹。随葬器物多置于墓室的前端，只有少数出于墓室中部。

随葬器物中以俑最多，在墓壁小龛中各置一俑，共 16 龛，出土有 16 俑。据该墓的发现者反映，墓室前端原有一瓷盘，上置 5 俑，现仅存 2 件。故该墓共出土 21 俑，但现存 18 俑。俑为素陶胎，胎色灰白，脸部均饰有白粉，部分饰有朱粉。俑体均平整，有的空心，有的实心，其中有些是头体分制，头部为后装。各俑体态的粗细、高矮不一，耳、鼻等细部均有指纹痕迹。因此，可能是先经合模压制，然后再行手捏修整。现分类介绍如下。

武士俑　4 件。头戴盔，盔顶扎缨，两侧贴有双翅。身穿铠甲战袍，腰束带，双手握剑于胸前。俑双眼怒睁，高鼻，神态威武。平底，实心，胎体厚重。高 18 厘米（图二、三）。

图二　武士俑

图三　武士俑

图四 张手俑

张手俑 2件。司职不明。头扎巾，身着圆领窄袖长袍，腰束带，下露两脚尖。两手张开，手皆残断，一俑双眼圆睁，正视前方，一俑嘴张开，侧脸右望。平底，实心，胎体厚重。高18厘米（图四、五）。

叉手俑 4件。大小相同（图六）。两俑头戴高式巾帽（图七），一俑头扎巾（图八），一俑头戴幞头，帽后有高高的山墙（图九）。皆身着圆领长袍，袖口翻褶，腰束带。双手作叉手礼于胸前。平底，实心，胎体厚重。高18厘米。

叉手礼是唐、宋、辽、金、元时期的一种行礼方式。宋人《事林广记》载："凡叉手之法，以左手紧把右手拇指，其左手小指则向右手腕，

图五 张手俑

图六 叉手俑

图七　叉手俑

图八　叉手俑

图九　叉手俑

图一〇　捧物俑

右手四指皆直，以左手大指向上。如以右手掩其胸，收不可太着胸，须令稍去二三寸，方为叉手法也。”即双手手指交叉在胸部而示敬，这种叉手礼无论男女老幼均可用，多在站立时使用，尤其是回答问话时，常加上这种礼节性动作。

捧物俑　6 件。大小基本相同（图一〇）。一俑头缺；两俑头戴幞头，帽后有高高的山墙（图一一左）；三俑头戴平顶帽（图一一右）。三俑身着方领长袍；三俑身着圆领长袍，腰束带。皆手捧物于胸前，除一俑手捧猪头外（图一一中），余手捧物皆残缺。2 件实心，其余 4 件空心，底平。高 18 厘米。

鱼俑　2 件。大小相同。一件人头鱼身。肥头大耳，无发，高鼻，头抬起，目视前方。嘴、脸部曾涂朱，自颈下起原有朱绘鱼鳞，因年代久远，朱彩已全部脱落（图一二）。另一件鱼头鱼身（图一三）。皆脊突，显翅，鱼尾皆微上翘，神态逼真。高 5.5、长 14.7 厘米。

图一一一　捧物俑

图一二　鱼　俑

图一三　鱼　俑

青釉碗　1 件。敞口，斜腹，小圈足。施青釉，有剥落。灰白胎。口径 11.2、底径 3.7、高 4.7 厘米（图一四）。

素胎陶豆　1 件。平口，深腹，内底有脐状凸起，束胫，喇叭状实心足。无釉，粗质厚陶胎。口径 9.3、底径 7.2、高 7.2 厘米（图一五）。

白釉四系盖罐　1 件。平口，直颈，溜肩，肩部置有四系，瓜棱弧腹，平底。帽形盖，子口，盖面弧拱，盖沿平坦。施白釉，胎质细腻。

图一四　青釉碗

图一五　素胎陶豆

图一六　银手圈

石砚　1 方。

银手圈　1 件。为一圆形银条弯曲而成，中粗向两边渐细，至两头而压捶扁。直径 5.8 厘米，重 34 克（图一六）。

银环　1 件。

铜镜　1 件。系由一面大镜的碎片磨成一小圆形镜，上尚存“同”字铭文。

铜钱　63 枚。皆为“开元通宝”。

另有瓷盘 1 件、瓷碗 3 件。已残碎散失。

墓中出土有墓志，不知现存何处，具体内容不详。据发掘报告记载，该墓为宋代彭泽县刘宗之墓。刘宗死于北宋庆历七年（1047 年）三月，葬于同年九月十三日。

（陈柏泉执笔，原载《考古》1962 年第 10 期）

德安县
北宋皇祐五年墓

1986年，在德安县城南发现一座北宋纪年墓。墓穴为东西向，长约2.5、宽1.5米，砖室墓。出土青白瓷、灰陶器、地券、墓志等，现介绍如下。

青白釉折肩钵　1件。敞口，束颈，折肩，斜腹下收，平底。施青白釉，釉色明亮，胎质洁白细腻。口径21.5、底径9、高10.5厘米（图一）。

青白釉竹节纹褐色点彩盒　2件。大小相同。盒呈扁圆形，形似竹节状。子母口，矮圈足。腹部饰弦纹呈竹节状，盖面弧拱，上饰有一圈凸弦纹和八个褐色彩斑，褐彩浓重纯正。施青白釉，釉色莹亮，有细小开片，玻璃质感强，胎质洁白细腻。口径11.5、底径6、通高7厘米（图二、三）。

青白釉碗　2件。大小相同。平口，弧腹，圈足。施青白釉，胎质洁白细腻。口径11.3、底径3.5、高3.8厘米（图四）。

灰陶钵　1件。唇口，微束颈，弧腹，平底。陶胎，胎呈灰色。口径26.3、底径17、高8.8厘米。

灰陶四系罐　1件。唇口，溜肩，弧腹，平底。肩上均匀置四竖向环状系。胎呈灰色。口径9、底径8、高20厘米。

图一　青白釉折肩钵

图二 青白釉竹节纹褐色点彩盒

图三　青白釉竹节纹褐色点彩盒

图四　青白釉碗

灰陶碗　1件。敞口，微内凹弧腹，圈足。胎呈灰色。口径9、底径3.5、高2.5厘米。

铜钱　5枚。皆为“祥符通宝”。

地券　1方。圭形，青石质。除碑额横刻有楷书“程氏地券”四字外，正文无字，只有刻划竖线23行。宽58、高63厘米（图五）。

墓志　1方。圭形，青石质。碑额有楷书“程氏墓铭”4字。铭文从右向左书写，阴刻楷书，14行，满行23字。宽81、高89厘米（图六）。志文如下。

宋故广平程氏墓志铭并序

敕赐同进士及第郑杨庭文。

夫人其姓自颛顼，重黎之后，家谍蔚兴，不复纪矣。曾祖弘世，祖弘光，皇父弘亮，三代高仕，不尚乐，性丘园。今蕃衍为南康军星石之里人。父娶氏挺生。夫人归朱君文聪。夫人事舅姑以孝，聚妯娌以和。岂期皇祐伍祀四月旦，倏倾玉质，奄丧椿寿，享年五十有七。长男女三人；孟曰士智，娶胡氏，有男女孙陈真、周九。女曰大娘，娉岑迁；次女四娘，许娉郑珪，二婿皆良俊也。今取十月十一日丙午卜葬梧桐村地礼。孝子士智泣血以子为志，直笔撰铭，铭云：

呜呼程氏，广平著望。生以夫事，没从礼葬。翠础刊铭，瘗辉泉壤。百世庆延，嗣存孝乡。

墓主程氏，卒于北宋皇祐五年（1053年）四月，享年57岁，同年十月下葬，葬所德安县城南在北宋时名为“梧桐村”。

（于少先执笔，原载《文物》1990年第9期）

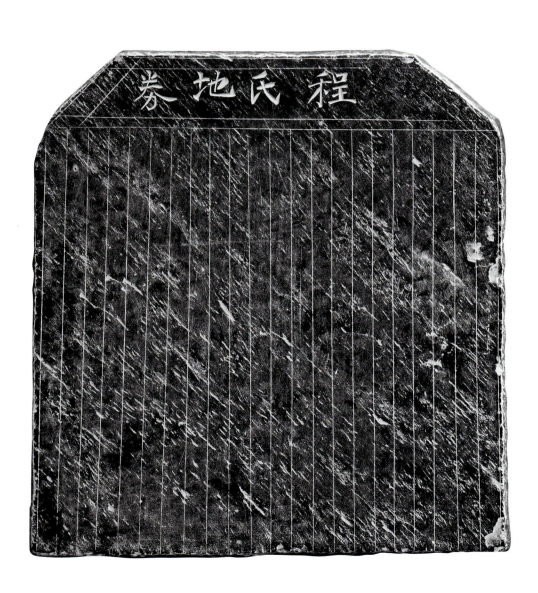

图五　地　券

图六 墓志

南城县
北宋嘉祐二年墓

1965 年 4 月，江西省南城县李营养路段职工在维修公路时，发现一座古墓葬。江西省文物管理委员会闻讯后，立即派人前往调查，在南城县文化馆的协助下，对该墓作了清理。

该墓位于南城县里塔公社李芳营大队庙下山斜坡下，墓口距地表深约 2 米。墓为砖筑单室，方向为 91°，平面呈长方形。墓长 3.3、宽 1.12、高 1.15 米。墓砖为青灰色，素面，有平砖和刀砖两种。平砖长 30、宽 13.5、厚 4 厘米；刀砖除一端较薄外，均与前者相同。墓室左、右和后壁均平砖横平叠砌，至三分之二高度开始起券。券顶呈船篷式。封门砖则用二层平砖横竖错砌。铺底砖为二横二竖平铺。墓底两旁和前部有排水沟，使墓底中央形成自后壁向前伸的棺台。棺台长 2.83、宽 0.9 米。两旁水沟宽 0.16、前部水沟宽 0.47、均深 0.08 米。棺台离后壁 0.77 米处，有一长 0.2、宽 0.16、深 0.04 米的腰坑。在棺台后部有纵铺五块平砖的小砖台。后壁中央有一个长 0.17、宽 0.16、深 0.16 米的小壁龛，左右两壁后部亦各有一个边长 0.1、深 0.12 米的壁龛，位置比前者略低。

墓内器物除银环出于棺台而为棺内之物外，其余各器均出于墓室的前后两端。地券放在后部的小砖台上。棺具及尸骨已腐朽无存，仅发现大量的棺钉和铁环。此外，在棺台上平铺板瓦，可能为垫棺作通风防腐之用。该墓出土遗物如下。

青白釉堆塑龙虎纹瓶　2 件。大小相同。盘口，细长直颈，丰肩，长弧腹下收，圈足。颈上满饰弦纹，上分塑有龙虎缠绕，在颈、肩之间有三条弧形鋬手，每条鋬手上刻划竖凹弦纹一道，肩部堆塑绳纹一周。盖呈帽形，顶立一鸟。施青白釉，釉呈米黄色，釉质较薄且易脱落，灰白色细胎。口径 6.8、底径 8、通高 46.7 厘米（图一）。这两件堆塑瓶是迄今为止发现的最早有确切纪年的堆塑瓶。堆塑瓶在宋元时期江西地区最为流行，是一种随葬的明器，为死者储存谷物的谷仓。其起源于东汉时期的青釉五联罐，多为成对出土，又称魂瓶、皈依瓶、盖瓶、立鸟瓶、龙虎瓶、日月瓶、谷仓瓶、谷仓罐等。颈、腹部堆塑有日月星辰、仙道人物、云龙仙鹤等道教题材。青白釉堆塑瓶的出现与江西地区青白釉瓷器的发展直接有关。北宋中晚期开始出现，此时颈部堆塑简单稀疏，颈长和腹长相等；南宋至元初，瓶体造型修长，颈长大于腹长，堆塑内容繁复有节，造型秀美；元代，颈部堆塑体积缩小，品种减少，布局稀疏，制作粗糙。

青白釉刻划弦纹瓶　1 件。平口，短粗颈，

图一　青白釉堆塑龙虎纹瓶

溜肩，橄榄形腹，卧足。肩部刻划两道弦纹。施青白釉，釉泛米黄，釉有脱落，胎白坚致。口径 5.6、底径 5.8、高 19 厘米（图二）。

青白釉刻划菊瓣纹碗 1 件。敞口，浅腹，大内平底，圈足。内口沿下刻划弦纹一周，内腹刻划菊瓣纹，内底刻划一折枝花和篦纹。施青白釉，有冰裂纹开片，胎白细腻，器外旋轮纹痕明显。口径 13.5、底径 5.7、高 4 厘米（图三）。

图二　青白釉刻划弦纹瓶

青白釉小杯 1 件。直口，深腹，喇叭形足。施青白釉，釉质莹亮，有细碎冰裂纹，胎白细薄。口径 6.4、底径 3.2、高 5.8 厘米（图四）。

青白釉托 2 件。托为宽边浅盘状，折沿，折腹，圈足。盘内倒扣一侈口圈足杯，托、杯粘连成一体。施青白釉，外底露白胎，且有一孔，与杯腔相通。使用时倒扣的杯底上置一小杯，如上所述的青白釉小杯，小杯的喇叭状圈足，正好与倒扣的杯底相吻合。托、杯连用，是一套考究的茶具。盘径 13、底径 7.5、高 6.2 厘米（图五）。

青白釉刻划牡丹纹狮纽注碗 1 套。注碗，五瓣花形口外敞，深腹，大圈足外撇。外口沿下刻划弦纹一周，腹部刻划缠枝牡丹纹。注壶，平口，长直颈，圆肩，圆腹，矮圈足。肩一侧置弯曲长流，流口低于壶口，对称处为弯曲长柄，柄中间刻划一竖凹弦纹。配圆筒形盖，盖壁刻划双重覆莲瓣纹，外沿有两个漏气孔。纽为活泼可爱的坐狮，狮后足坐地，前足相叠，昂首怒目，张嘴翘尾，形象逼真。全器施青白釉，釉质莹亮，注有细碎冰裂纹开片，碗内底、外底、盖内、注圈足露胎，胎白坚致。碗、注连用，是一套制作精湛、设计考究、高雅美观的温酒具。碗口径 15.7、底径 10.4、通高 24 厘米（图六）。

青黄釉执壶 1 件。盂形口，颈微束，溜肩，平底内凹。肩一侧置弯曲流，对称处为扁形条状把手，肩部有对称双系。施青黄釉，釉不及底，釉大多已脱落，灰黑胎，胎质粗重。口径 6.4、底径 5.5、高 12.5 厘米（图七）。

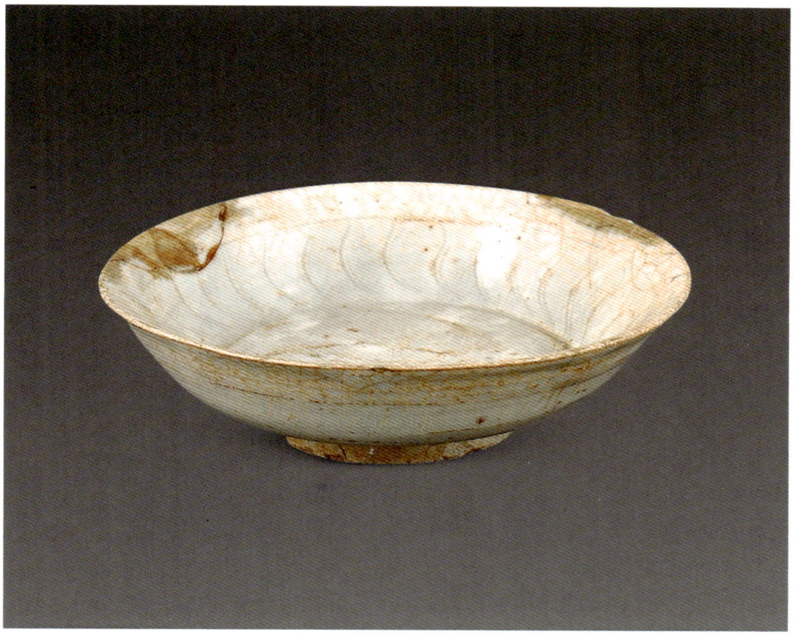

图三　青白釉刻划菊瓣纹碗

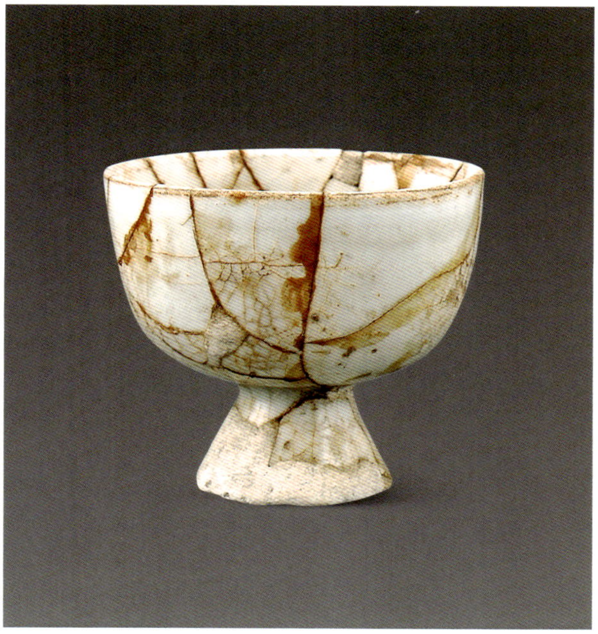

图四　青白釉小杯

图五　青白釉托

图六　青白釉刻划牡丹纹狮纽注碗

铁鼎 1件。敞口，侈唇，圜底，三外撇蹄形足，口沿上有两个对称半环形耳。口径18、通高19厘米。

铁盏 1件。呈圜底碟形，已锈烂。

铁刀 1件。长31.5、最宽处4厘米。长柄。

银环 1件。

此外还有铁钉、铁环若干枚。均为棺上之附属物。

地契 1方。青石质，长方形，两上角斜杀，上饰浮云纹。阴刻，楷书，有竖格，15行，行字不等。宽38.5、高42厘米。券文如下。

地契一道

维嘉祐二年岁次丁酉九月一日甲戌朔二十二日丙申。建昌军南城县雅俗乡训俗里后潭新津保，殁故亡人陈氏六娘，行年七十八岁，命归泉路。忽被太山敕召灵魂。禁司土公土母土伯土历土下二千石禄，墓门亭长蒿里父老武夷王等：亡者陈氏六娘，宰阴阳定生，孝顺忠贞，上即顺于天地，下即顺于父母。青青松竹，尚□枯荣。人非王乔，宁无凋落？遂赍银钱九千九百贯文，地名东坡榔家坑坤山下，永买得本□乙向地一穴，为□年□□。其地东止甲乙，南止丙丁，西止庚辛，北止壬癸，中央富地为宅。应有社里土地，修桥造路，不得方滞陈氏六娘往来。谁为书，水中鱼。谁为读，天上鹤。鹤何在，飞上天。急急如律令。

墓主人陈氏六娘，今江西南城县人，卒于北宋嘉祐二年（1057年），享年78岁。地契所载建昌军，为北宋太平兴国四年（979年）以建武军改名，治南城县。属江南西路，辖境相当今江西南城县以南的盱江流域及资溪县地。据《南城县志》卷一之二《疆界》云：“隅关之外西南为雅俗乡，在宋分里五。”

（薛尧执笔，原载《考古》1965年第11期）

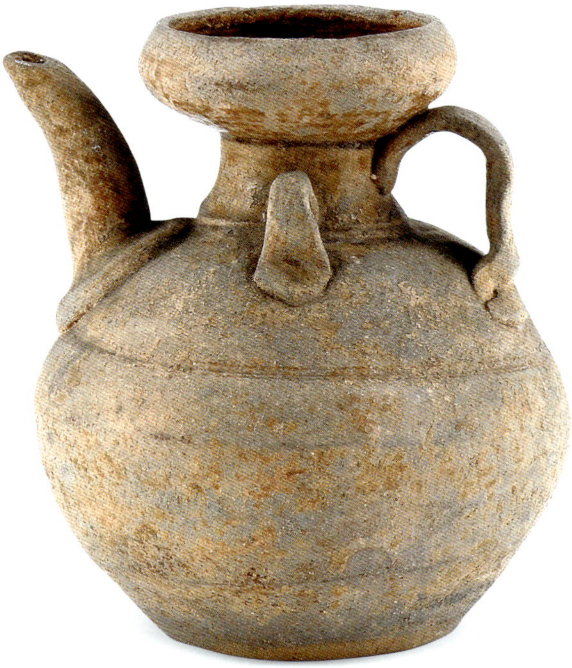

图七 青黄釉执壶

铅山县
北宋元祐元年墓

1983年5月，铅山县新滩公社莲花大队王家坂村社员在村后莲花山发现一座宋墓，出土部分随葬器物，随即报告当地文物机构，铅山县文化馆、江西省文物工作队等单位闻讯后，先后派出工作人员到实地进行考察和调查，并作了清理。现将墓葬情况分述于下。

墓葬位于莲花山向阳坡地，方向150°。长方形墓室，全由麻石条、块构筑而成。墓室长3、上宽0.86、下宽0.75、高1米。室底由5块长1.13、宽0.64、厚0.1米石块平铺而成，四壁由长条石块垒叠砌就，上下5层，每层高19~20厘米。两头石壁垂直于地面，两边壁稍有斜度，使墓室横断面呈上宽下窄的梯形。在头壁两横端与边壁吻合处凿有深0.3~0.5厘米的凹榫口，让边壁石条嵌入，不使内移。条石纵剖面呈侧向梯形，层层叠砌，保持室壁面平整。外壁条石叠砌缝留有较大空隙，充填卵石沙土，使其稳定，由于泥沙的重力及其所产生的横向挤压力使条石紧靠榫口。墓顶由9块长1.26~1.28、宽0.38~0.43、厚0.16米的石块盖合，在每条接缝处上置长38.5、宽16.5、厚4.5厘米平砖三块，以防泥沙渗入。由于此墓埋于红砂岩地层中，基础稳固，在构筑上能较好地利用力学原理，虽然历经数百年的风化侵蚀，榫口却至今没有挫损和移位，墓室保持完好。

墓内葬具及尸骨均腐朽无存，墓室前半部出土大小棺钉12枚，据此可确定原棺木位置。后半部出土瓷器、铁器等，介绍如下。

青白釉剔刻莲瓣纹狮纽注碗 1套。由注子与温碗两部分组成。注子管状口，斜折肩，六瓣瓜棱弧腹，圈足微外撇。肩一侧置细长弯曲流，对称处为扁平把柄，柄曲折连接颈腹间。配一筒形盖，坐狮纽，座呈覆盆式，小狮昂首蹲立，翘尾挺胸，神气活现。盖边后部有一缺口，可紧扣把柄，起定向作用。缺口两边开两个小孔眼，供系绳之用。温碗为八瓣花形，呈初放荷花状。敞口，深腹，高圈足，内底有5个支钉支烧痕。碗腹外壁沿边刻划复线，瓣间刻划垂头花蕊纹。碗圈足外壁、注子肩部与流的基部、盖壁外侧剔刻有双层覆莲瓣纹，刻痕深沉，具有浅浮雕之感。施青白釉，釉质莹润，釉厚处呈湖水绿色，胎质洁白细腻。造型别致，设计考究，高雅美观。注子口径4、底径9.8、高23.6厘米，温碗口径19、底径10.4、高14.8厘米，通高28厘米（图一～三）。注碗为温酒用具，五代开始出现，北宋流行，由温碗和注子配合使用，使用时碗内注入热水，注子置于碗内，注中酒即可温热。宋孟元老《东京

图一　青白釉剔刻莲瓣纹狮纽注碗

图二　青白釉剔刻莲瓣纹狮纽注碗

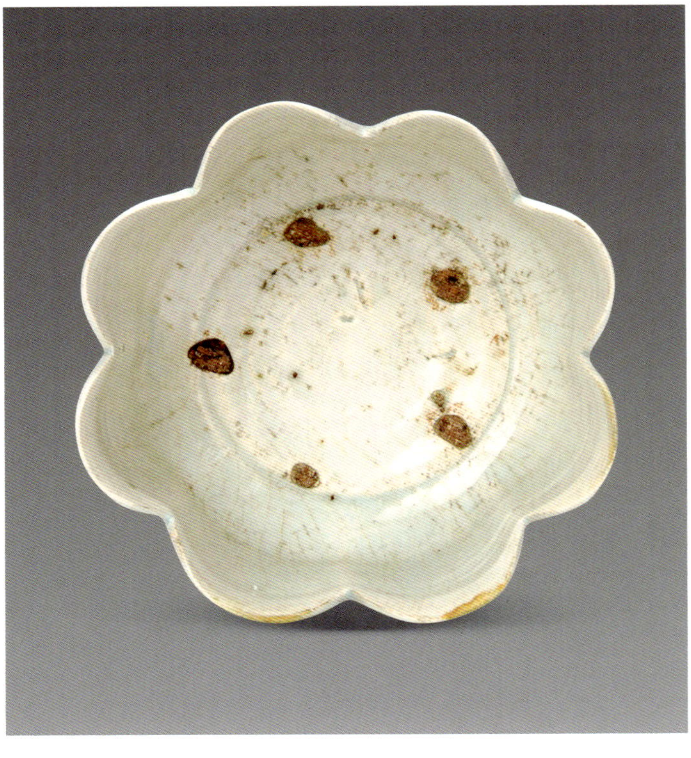

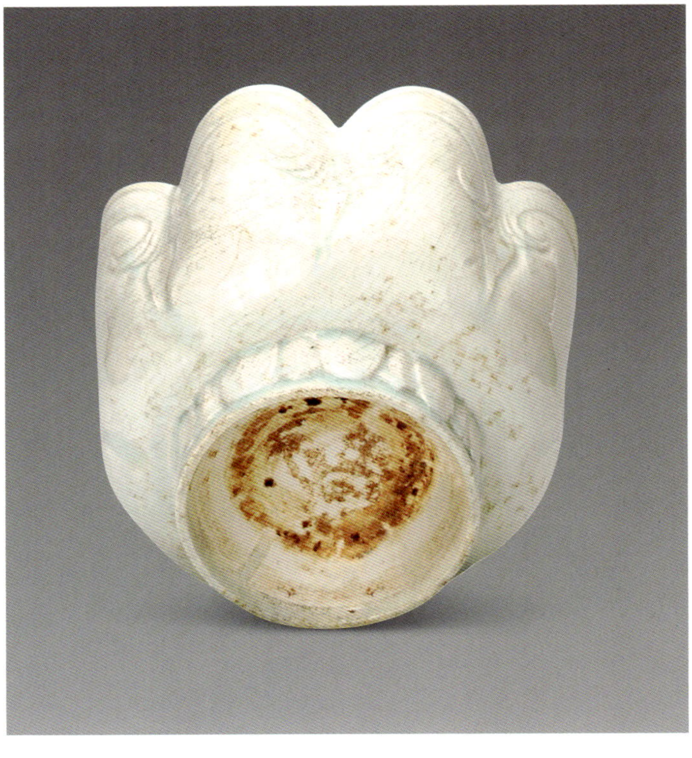

图三　青白釉剔刻莲瓣纹狮纽注碗

图四　青白釉弦纹杯

梦华录》卷四《会仙酒楼》条载："凡酒店中不问何人，止两人对坐饮酒，亦须用注碗一副"，即是其历史风貌的真实写照。

青白釉弦纹杯　2 件。大小相同。直口，弧腹，小卧足。外口沿下有一道凸弦纹。施青白釉，釉有开片，胎质洁白细腻。器形小巧，胎薄体轻。口径 7.2、底径 2.6、高 4.4 厘米（图四）。

青釉六瓣瓜棱碟　6 件。大小相同。均残。敞口，折唇，六瓣瓜棱弧腹，腹内壁六出筋，圈足。施青釉，釉有开片。口径 11.5、高 2.4 厘米。

褐釉堆塑瓶　3 件。分两式。

Ⅰ式　1 件。圆唇，直颈，溜肩，弧腹下收，浅圈足。外壁上腹部有锯齿状贴饰两周，并有纵锯齿状泥条贴饰点缀，肩部饰有泥团花纹。盖子口，盖沿平且窄，纽呈圆球状，上均匀分布有四条竖锯齿状泥条贴饰，交结成尖顶。施酱褐釉，釉几乎全部脱落，灰胎。口径 9.8、底径 7.5、通高 36 厘米（图五）。

Ⅱ式　2 件。大小相同。呈多级宝塔状。直口，溜肩，瓜瓣形腹弧下收，圈足。颈中部及肩部各饰凸棱一周，其上亦饰浮雕人物，人物呈端坐状，手法简洁。盖顶纽作莲苞式，盖壁上有两层凸棱，每层凸棱上饰浮雕人物。深褐釉剥落较多，灰胎。腹径 11.5、通高 36.2 厘米。

方形铜镜　1 件。宽边，小纽，锈残过甚，略可辨背面浮雕花卉纹。边长 10 厘米。

双耳三足鼎形铁锅　1 件。侈口，折沿，沿上对称置半圆形双耳，弧腹，下承三足，断一条。

口径 16.7、通高 19.5 厘米。

墓志 1 方。竖置后壁边。红砂石，长方形，四周刻有花卉纹。额题：“宋故金公夫人吴氏墓铭”，篆刻，分五竖行排列。铭文楷书阴刻，17 行，部分文字已漫漶不清。宽 61、高 91 厘米。志文如下。

宋故金公夫人吴氏墓铭并序

武中立刻字

建水进□□□信撰

夫人祖信州弋阳县新政乡人……铅山县清流乡汭口镇金公讳天宠匹偶……二男一女。长男珠，娶郑氏；次男珪，娶张氏。一女归同邑人张□循。良人早亡，逾十五春，夫人以年五十有二□尔。寒□不调终□。元丰八年十二月十三日，且谓□夫人……碗，顺以礼，奉苹蘩而严而洁以孝事……谨教□□义，训女以德，至于赞，治家道勤而……之乡党重矣。然夫人所以不……悲夫□。诸人生犹宿旅也，终莫之能留。其……信也。若归，今夫人既终，是顺天之理，遂乃相……托潭山□。北来亁山，用己向发，乙水入大江，西流……其子孙□。元祐改元十一月初六庚申日葬归于……奉大事男珠求，纪夫人始终之岁月不敢辞。固直书□夫人妇道，将示后来耳。为之铭曰：彩云易散，秀木先隳。夫人既逝，天理如之。容不复见，德亦可思。天地永久，子孙其宜。

墓主吴氏，江西铅山县人，金天宠之妻，卒于北宋元丰八年（1085 年），享年 52 岁，葬于北宋元祐元年（1086 年）。

（王立斌、陈定荣执笔，原载《考古》1984 年第 11 期）

图五　Ⅰ式褐釉堆塑瓶

彭泽县
北宋元祐五年墓

1972年3月，彭泽县湖西公社湖西大队第二生产队社员在开荒过程中，发现一座石椁墓。该墓因被社员取土时拆除，故详细结构不明。据了解，墓方向为正南北，圹室用青石板构砌，有石椁和木棺。棺外灌筑有一层石灰糯米浆；石椁外更灌以厚达1米的石灰浆。棺长3.18、高1.6米。全棺用6块完整柏木构合而成。棺身两侧每边有4枚连环泡钉，底板也有对称的4枚泡钉。棺首向前伸延出一段空间，内置2个陶罐、1个陶俑，已散失。棺后放置墓志。其他器物，如金银饰面、瓷碟、木梳、铁剪、铁刀、铁棍、铜镜、铜钺、柏木人等，皆放置于棺内的前端和中部（图一）。出土器物如下。

青白釉花口碟 1件。十瓣花形口外敞，斜弧腹壁，平底。施青白釉，釉质莹润，有细碎冰裂纹开片。平底露胎，胎质洁白细润。制作精细，为宋瓷精品，属仿银器。口径11.2、底径3.7、高2.2厘米（图二）。

菊花纹金耳环 1对。大小、重量相同。耳

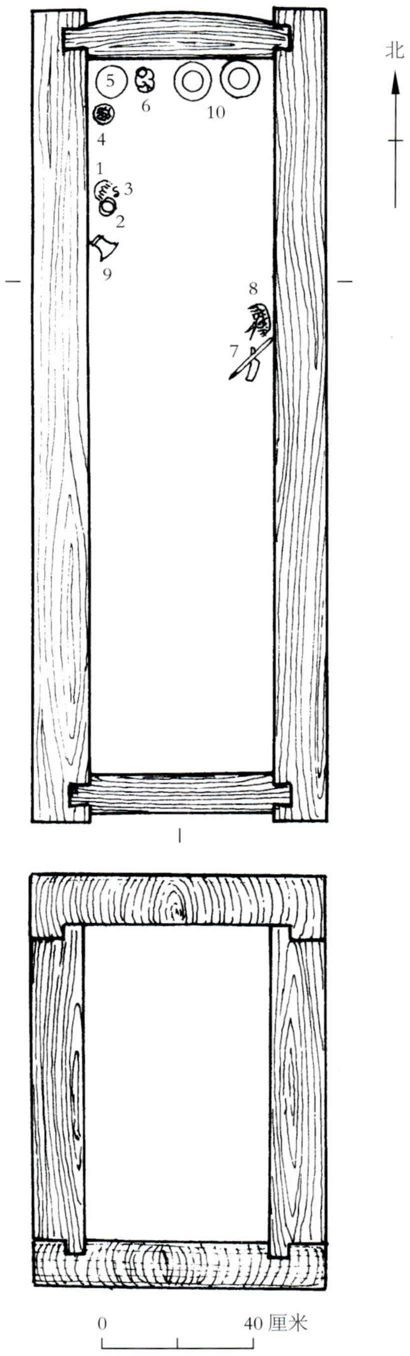

图一　墓葬平、剖面图

1. 银梳　2. 錾花银镯　3. 菊花纹金耳环
4. 铜镜　5. 青白釉花口碟　6. 柏木人
7. 铁剪　8. 木梳　9. 铜钺　10. 陶罐

图二　青白釉花口碟

环呈“2”字形，由圆形金条捶揲、錾刻出双面菊枝纹，由粗到细向上弯曲成钩。耳环錾制精细，给人以厚重饱满的感觉。宽 2.8、长 2.6 厘米，重 19 克（图三）。

银梳 1 件。梳为银片捶揲、錾刻而成，应设计及纹饰的要求，用高低起伏、多层面的立体图纹予以表现，梳体纹饰多达六层：最外层是包边层，向里是镂空双狮戏球纹，朵点梅花纹，莲瓣纹以及主体梳齿。背边用錾有花纹银片包边，在中心梳齿顶上的莲瓣纹上有“周小四记”铭。长 11、宽 5.5 厘米，重 19.5 克（图四）。

錾花银镯 1 对。模压成两头细中间宽的叶形银片弯曲成镯，镯面被凸弦纹分为大小相若的呈弧凹面的两部分，其中一条凹面上呈自然光素状，而另一凹面上錾刻有缠枝花卉纹，两头细端上饰四道弦纹。镯内面光洁素面，錾刻有“官□”文字。直径 6 厘米，重 76.4 克（图五）。

银发钗 1 件。发钗用圆粗银丝弯曲而成，两脚尤长。长 24 厘米，重 30 克（图六）。

缠枝花卉纹铜镜 1 件。圆形，圆纽，花形纽座。镜背多道弦纹分内外区。内区缠枝花苞，外区波折纹。缘内侧弧凹渐高，上为窄平缘。直径 9.8、缘高 0.4 厘米。

柏木人 1 件。木人为柏木斫制而成，头戴冠状，面嘴为一凸出台面，身作八棱柱状。凸台面上用墨线画人眼、耳为头面，周身八面书满墨文。底长径 5、底短径 4、面台高 2、通高 35 厘米（图七）。录文如下。

唯元祐五年岁次庚午癸未朔月甲午朔二十二日，江州彭泽县五柳乡西城社傅师桥东

图三　菊花纹金耳环

图四　银　梳

保，殁故亡人易氏八娘，移去蒿里，父老天帝使者元皇正法，使人迁葬。恐呼生人，明敕柏人一枚，宜绝地中呼讼。若呼男女，柏人当；若呼苹师名字，柏人当；若呼家人，柏人当；若呼兄弟，柏人当；若呼戚门论诉，柏人当；若呼温黄疾病，柏人当；若呼田蚕二鄰六畜牛羊，柏（下漏缺“人当”两字）；若呼一木二木，柏人当；若呼不止，柏人当。急急如律令。

木梳 1件。木梳为木块斫制而成，弧凸背，齿口稍凹，斫锯有55齿，木梳从齿口到梳背逐渐变厚。长12.3、宽7.1、厚1.3厘米（图八）。此梳做工较精细，保存也相当完好。

铁剪 1件。呈平行回折式，为一长条回折，后为柄，前为平行的刀体。柄宽2.5、通长15.8厘米。

铁火箸 1双。细长圆杆，前有尖锋，后段

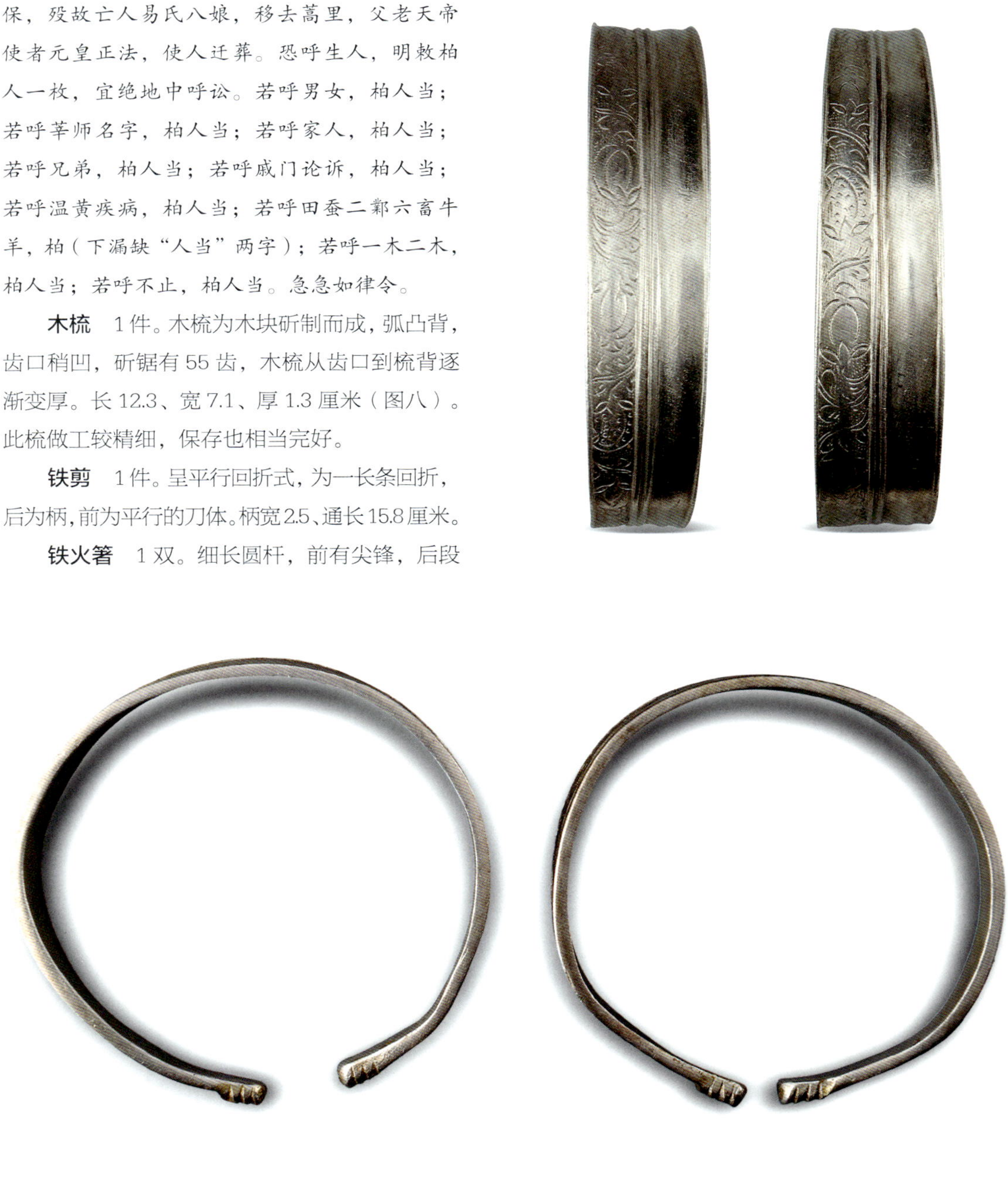

图五　錾花银镯

图六　银发钗

图七　柏木人

六角形帽首。直径 0.5、通长 40.5 厘米。

铜钱　若干枚，皆“太平通宝”钱。

墓志　1 方。长方形，青石质。志盖篆体阴刻“大宋易氏夫人墓志”8 字。楷书。30 行，满行 26 字。宽 60、高 92 厘米（图九）。志文如下。

宋故易氏夫人墓铭并序

乡贡进士李舜俞撰。九江屈清臣书。尧城郭巩篆盖。

夫人姓易氏，世居彭泽为豪族。祖考讳忠，先考讳道慧，皆潜德不仕。毕生自裕而已，然州党称之，咸有义誉。其世系失次，予无所考证焉。同产昆弟五人，夫人最长，且独为女。赋性温厚，善事父母，故父母尤爱之。尝为择婿而言曰：“吾女颇淑，吾不欲其远适；吾乡有良子弟，吾与之迎焉。”于是同里富人刘氏，独长一子，夙性惠利，岐嶷间颖然有克家之气。而父母亦嘉之曰：“吾儿可爱，闻易氏女贤，吾愿与之结好焉。”故夫人二十一岁而归于刘氏，是为五柳乡刘元周之妇，男天锡之□。其母为柯氏，其姑为谢氏。夫人既归，移其所以事亲者，事其舅姑。执妇之道，端悫愿慄，踵趾不过门屏之内。而寡言笑，然喜宾客。过其门者，虽盛暑苦寒，必躬理肴馔，厚薄称礼，殊无厌倦之色。其抚子妇也，仁以均。其事君子也，和以敬。亲戚故旧之往来者，雍雍如也。

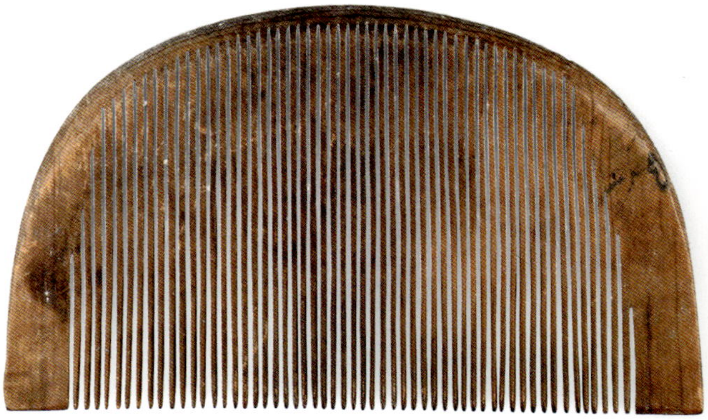

图八　木　梳

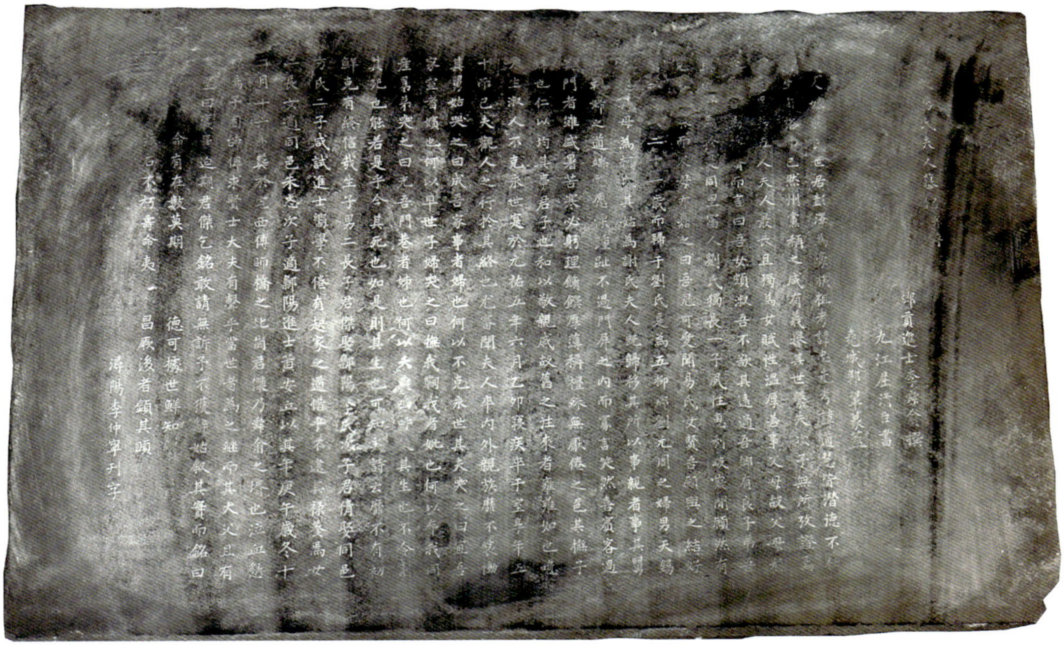

图九 墓 志

噫！天生淑人，不克永世，实于元祐五年六月乙卯寝疾卒于室，享年五十而已。夫观人之行，于其终也尤审。闻夫人卒，内外亲族，靡不哀恸。其舅姑哭之曰："成吾家事者，妇也；何以不克永世。"其夫哭之曰："宜吾家室者，嫔也；何以早世！"子妇哭之曰："抚我鞠我者，妣也；何以弃我。"同产帛弟哭之曰："光吾门巷者，姊也；何以夭丧。"呜呼！使其生也，不令则其死也，能若是乎！今其死也，如是则其生也，可知矣。诗云："靡不有初，鲜克有终。"信哉！生子男二：长子君杰，娶鄱阳李氏；次子君倩，娶同邑方氏。二子咸试进士，响学不倦，有起家之道，惜乎不逮其禄养焉。女二：长女适同邑朱忞，次女适鄱阳进士黄安立。以其年庚午岁冬十二月十六，卜葬于宅西傅师桥之北岗。君杰乃舜俞之婿也，泣血恳铭焉。予固辞，俾求贤士大夫有声乎当世者为之。继而其大父且有书至，曰："襄事迫期，君杰乞铭，敢请无诉。"予不获辞，姑叙其实而铭曰：

命有在数莫期，德可据世鲜知。兹石不朽寿命夷，昌厥后者领其颐。

浔阳李仲宁刊字。

墓主易氏八娘，刘元周之妻，今江西彭泽县人。卒于北宋元祐五年（1090年），享年50岁，同年下葬。

易氏夫人墓志为九江著名碑工李仲宁所刊。南宋王明清《挥尘录》记载李仲宁为北宋著名刻工，其所刻除元丰七年（1084年）中书舍人曾巩墓志外，此为其传世的第二件作品。

（彭适凡、唐昌朴执笔，原载《文物》1980年第5期）

德兴市
北宋元祐七年墓

1987 年 5 月，江西省德兴县（今德兴市）海口乡流口村农民在平整屋基时，发现一座塌陷多年的古墓。该墓券顶和墓室壁墙均已遭破坏。墓底离地面 87 厘米。坐南朝北。墓室平面为长方形，由长 24、宽 12、厚 4 厘米的青砖平砌，墓底地砖“人”字形平铺（图一）。该墓葬具、尸骨无存，土中遗有锈蚀铁钉，又见紫黑色漆皮。墓志竖封扣在墓门前。因墓顶早年已全部坍塌，淤泥充塞。墓室扰乱严重，随葬器物位置不明。墓内发现的一批瓷器多已残破。现将出土器物介绍如下。

青白釉刻划菊瓣纹炉 1 件。宽边折沿，深直腹，腹下部浑圆，中部为喇叭形，上刻饰菊瓣纹。塔式圈足残经修复，足底中空。施青白釉，釉色淡青，微微闪黄，有细碎冰裂纹开片，胎骨洁白细腻，造型秀美。口沿外径 11.9、口沿内径 9.2、残高 10 厘米（图二：1、三）。

青白釉盏托 2 件。大小相同。六瓣葵口，内心有一个高凸起的圆形托圈（直径 4 厘米），似一反扣的碗，高圈足外撇。托底较厚，中空，

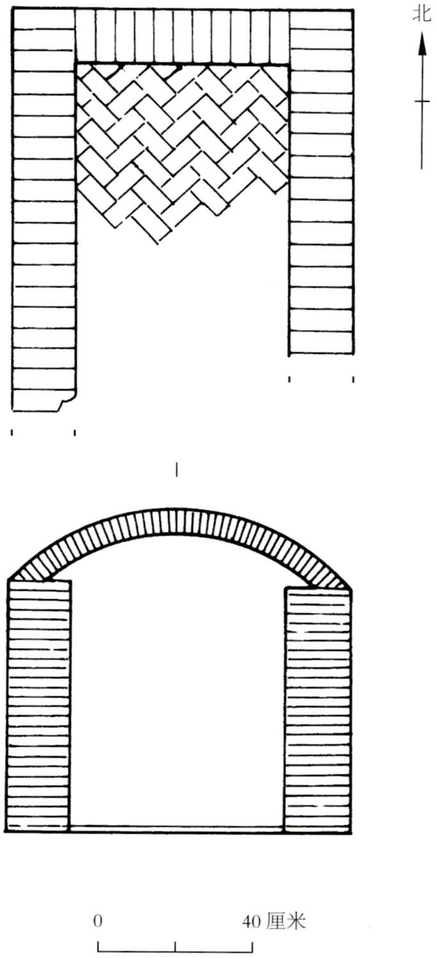

图一 墓葬平、剖面图

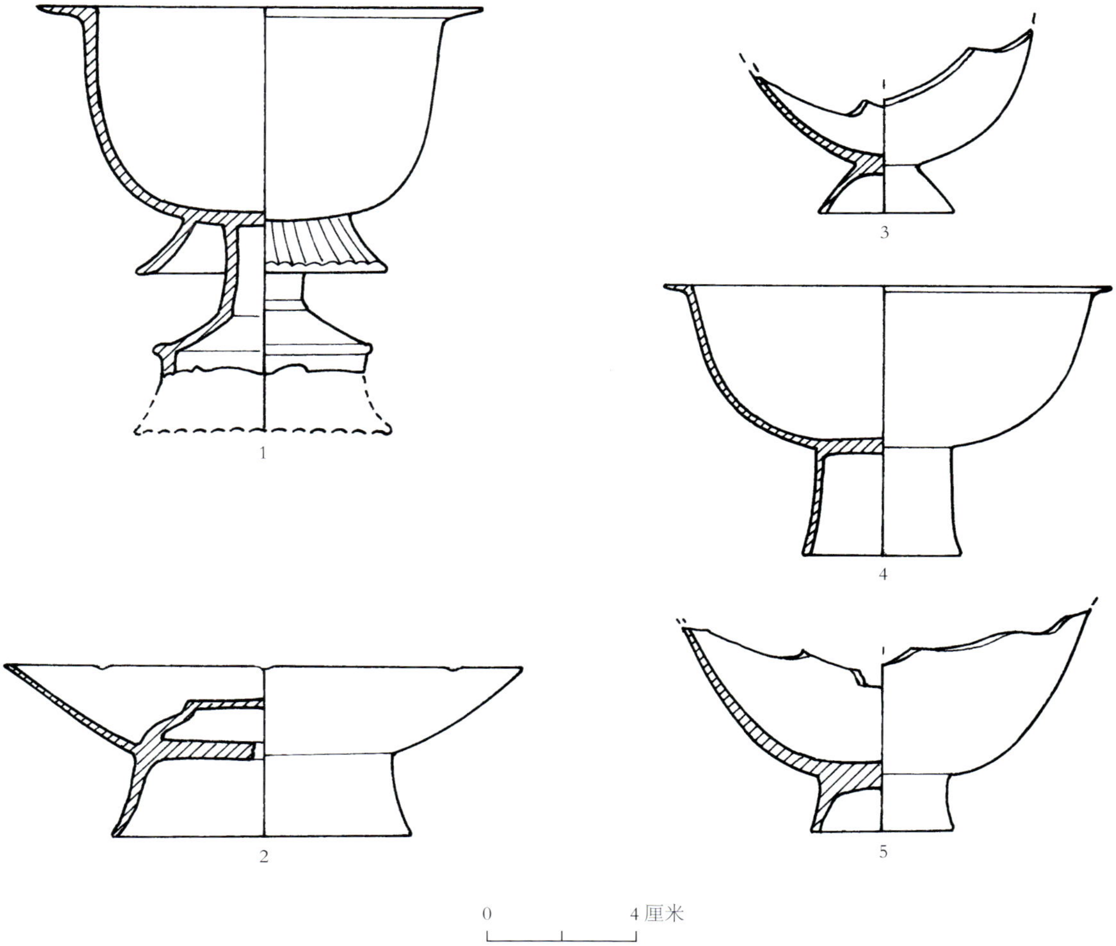

图二　出土瓷器

1. 青白釉刻划菊瓣纹炉　2. 青白釉盏托　3. 青白釉盏　4. 青白釉高足碗　5. 青白釉碗

有一直径为 1.3 厘米的圆孔，可见垫饼支烧痕迹。施青白釉，釉质莹润，胎质洁白细腻。口径 14、底径 8、残高 4.5 厘米（图二：2、四）。

青白釉盏　2 件。大小相同。弧腹，小圈足外撇。施青白釉，釉质晶莹如玉，白中闪淡青色，胎骨坚细洁白。底径 3.8、残高 5 厘米（图二：3、五、六）。

青白釉高足碗　4 件。平沿微外折，深弧腹，圈足高而直，内有旋轮纹拉坯痕。施青白釉，釉质莹润，圈足内露胎，胎质洁白细腻。口径 12、底径 4.5、高 7.3 厘米（图二：4、七）。

青白釉碗　2 件。均残。口微外撇，弧腹，

图三　青白釉刻划菊瓣纹炉

图四　青白釉盏托

厚底，高圈足，足壁较薄。施青白釉，釉色黄中泛青，开片，圈足内露胎，胎呈白色。底径3.8、足高1.6厘米（图二：5、八）。

青白釉葵口碟 4件。五瓣葵口，弧腹，平底微内凹。施青白釉，平底露胎，上留有垫饼支烧痕迹，胎质洁白细腻。口径8、底径4.4、残高1.4厘米。

酱釉碟 1件。残。腹内有5个支钉支烧痕。

酱釉带系壶 1件。残。

墓志 1方。青石质，额题“胡夫人墓志铭”，篆书，分3竖行排列。志文阴刻楷书，偶带行笔。书法结构严谨，笔画峻利而丰秀，镌刻尤显精湛。22行，满行26字。宽84、高116厘米（图九）。志文如下。

图五 青白釉盏

图六 青白釉盏

图七 青白釉高足碗

图八 青白釉碗

左朝散郎、充京东转运判官兼提举市舶司、轻车都尉，赐绯鱼袋徐君平撰。

左朝散大夫、知江州军州兼管内劝农事、上轻车都尉，赐绯鱼袋借紫叶虞仲书。

左承议郎、充广亲睦亲北宅大小学教授、武骑尉管师仁篆。

士丧礼废久矣！三代之礼，士有铭，旌不命之。士铭以缁，长半幅，其说以为死者不可别，故其旗帜，识之爱之斯录之矣！乘丘之役，士始有诔焉。则人子之论，譔其先，以观美者。源出于唐之葬礼，五品而上有碑，七品而上有碣，其潜德之士，虽未仕亦有碣。至于近世铭石纳诸墓者，益众岂所谓不得不可以为悦者耶！然而，爱之斯录之者志为可取焉耳！饶人董君攸从予游久矣，一日曳斋，衰自其乡至汶上，为将葬母，而请予铭。曰：舍重趼而不怠，予安得而辞之。且其族人明州司法宾卿之状。曰：夫人胡氏，歙州务源人。少以淑慎称于其宗，笄年为饶州德兴董君莘之妻。董族宗亲众夥，而能尽礼事舅姑友娣姒，皆得其欢心。相其家祀，能致其敬焉！其夫尝求仕，不如志，乃自放诗酒闲。夫人每开以义命，故其夫能以仁厚闻于乡党。有子三人。曰仞，曰攸，曰作。夫人业之以学而诱之，以为善之利。士人有过其家者，夫人躬馔具以礼之。故其子所交多望士。而洽闻论议之益。女一人，归胡羲仲夫人之由子也。元祐六年，夫人寝疾。年五十有六矣。其家名医工眠之，夫人曰：死生命也，何以医为？召家人，称其少长，各以其所宜。行者谂之，乃卒，实七月甲子也。里巷之闻者，多为之悼。元祐七年九月丙午葬于崎岭流源口。铭曰：

崎岭之长，流源汤汤，无固其藏，诒后之祥。

墓主胡夫人，今江西婺源县人，德兴海口董莘之妻。北宋崇宁二年（1103 年）进士通议大夫董攸（《德兴旧志》有传）之母。墓主于北宋元祐六年（1091 年）七月病卒，享年 56 岁，于北宋元祐七年（1092 年）九月葬于流源口（今海口乡流口村头）。

墓志篆刻者管师仁（1045~1109 年），字元善，北宋处州龙泉（今浙江龙泉市）人，北宋著名政治家，官至正二品副相，熙宁六年（1073 年）进士。出任闽、赣职内，广布惠民政策，《江西通志·名宦》有传，谓“人戴其德，为立生祠”。任右正言时，河北水患，奏准减免租赋，裁减冗员，敢于直陈时弊、弹劾赃官。任定州安抚使，致力于精兵储粮，巩固边防，抵制辽国侵宋之图，徽宗嘉奖曰：“有臣如此，朕复何忧。”大观三年（1109 年）升任同知枢密院事（职同副宰相），不到两个月，便托病辞官。卒后葬于汴京，封南阳侯。《宋史》本传评：“崇宁、宣和之间，政在蔡京……奸党日蕃……管师仁执政仅两月，引疾求去，斯可尚已。”这是《宋史》对龙泉人传人物的最高评价。《两浙名贤录》称其为“名宦”。

（孙以刚执笔，原载《南方文物》1994 年第 3 期）

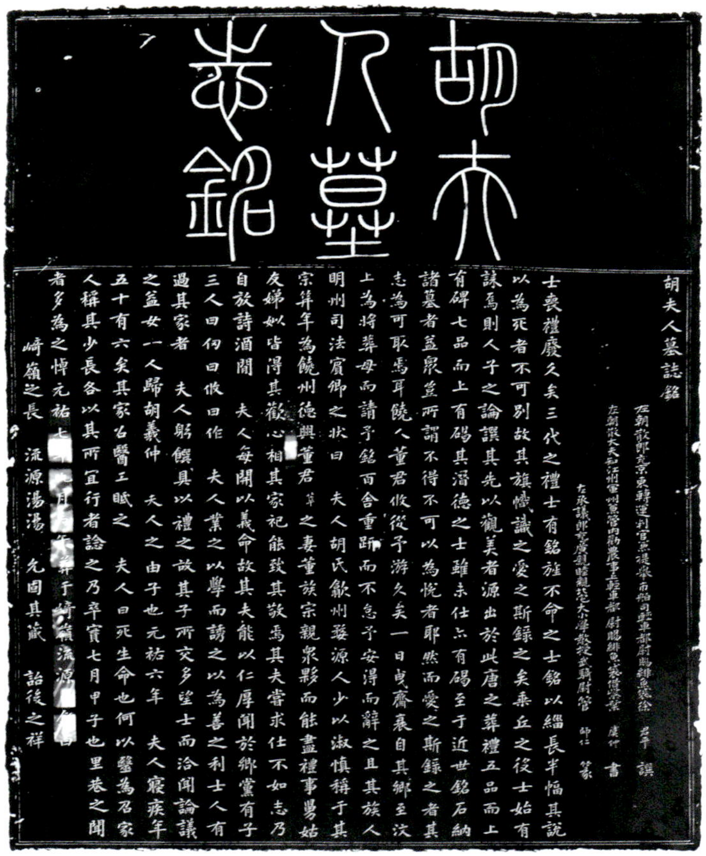

图九 墓 志

星子县
北宋建中靖国元年墓

1973 年 7 月，星子县五里公社河东大队社员在玉荆山旁开挖引水渠时发现一座古代夫妇合葬墓。墓室为东西向，均用花岗岩石垒砌。墓前设有小甬道，甬道后则为棺室；平面呈“凸”字形。两个墓室均在甬道与棺室交接处立有字面朝内的墓志一方；女墓南壁和男墓北壁正中又各立无字圭形石碑一方，疑系地券。男墓室全长 3.65、宽 1.23、高 1.25 米；女墓室全长 2.95、宽 1.14、高 1.23 米（图一）。木棺与人骨皆已腐朽。所出器物有青白釉瓷、陶器、铜镜、铜钱、银饰品、铁器等，墓志和无字石碑各 2 方。

北宋元祐七年（1092 年）女墓（陈氏）出土器物如下。

素胎陶罐　2 件。大小相同。唇口，短颈，丰肩，扁圆腹，平底。全器素陶胎，胎色灰黑。口径 9.4、底径 6、高 7.2 厘米（图二）。

青白釉折肩钵　1 件。敞口，束颈，斜折肩，

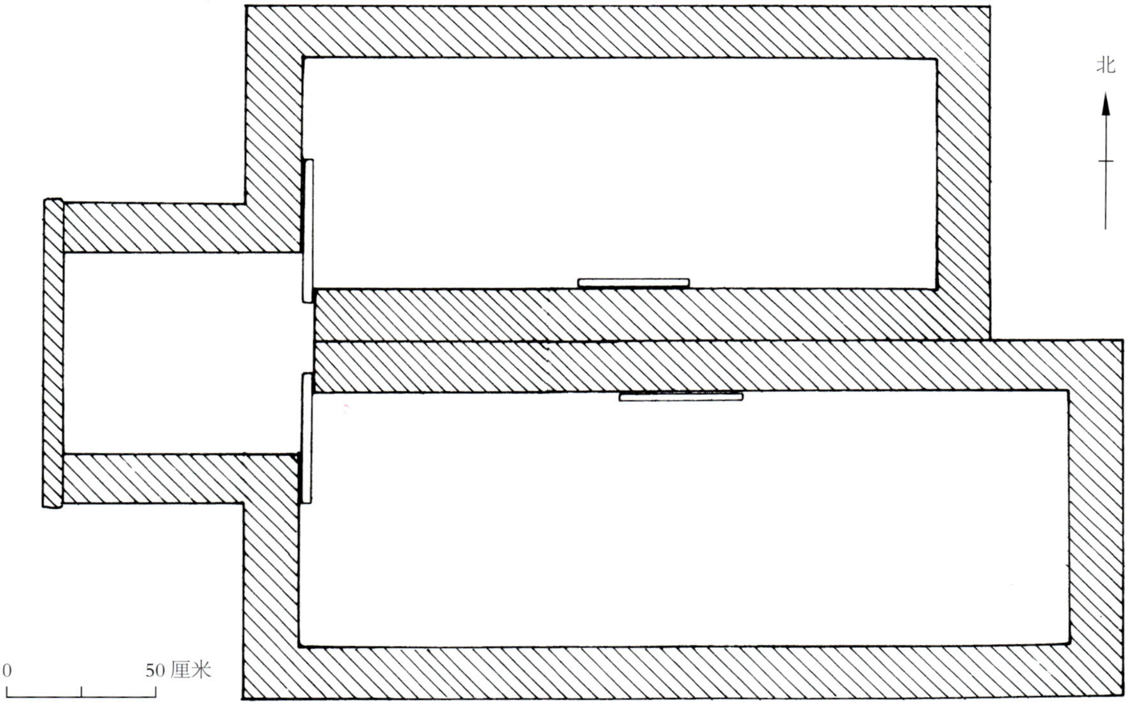

图一　墓葬平、剖面图

斜腹下收，小平底。通体施青白釉，釉色青黄发木。胎质洁白致密，露胎处旋轮纹痕明显。口径 20.8、底径 5.5、高 9.5 厘米（图三）。

素胎陶钵　2 件。大小相同。破补。敛口，弧腹，平底。器身粘满黄泥，素陶胎，胎色灰黑，胎质粗松。口径 8.6、底径 13.2、高 5.9 厘米（图四）。

青白釉唇口碗　2 件。大小相同。唇口，弧腹，高圈足。施青白釉，釉色泛青，有冰裂纹开片，圈足内露白胎。口径 15.3、底径 6、高 7.8 厘米（图五）。

青白釉敞口碗　1 件。敞口，唇微凸，斜直腹，小圈足，内底呈脐状凸起。施青白釉，釉质莹亮，色微泛黄，圈足内露白胎。口径 10.8、底径 3.2、高 4.4 厘米（图六）。

青白釉注壶　1 件。敞口，卷唇，颈呈漏斗状，斜折肩，鼓腹，圈足。肩上塑弯曲流和扁平把手，把手外侧饰缀珠纹和竖条纹，流与把手之间对称置有双系，器身留有螺旋状拉坯痕。施青白釉，釉面光亮，有冰裂纹开片，圈足露胎，胎质洁白细腻。口径 7.2、底径 7.3、高 17.8 厘米（图七）。

钱纹“亚”字形铜镜　1 件。小圆纽，花瓣形纽座。镜背满铺四重圆形钱纹。平宽素缘。直径 14、缘高 0.3 厘米。

墓志　1 方。青石质，圭形。楷书，19 行，满行 19 字。宽 58、高 64 厘米（图八）。志文如下。

宋故陈氏夫人墓志铭

夫人陈氏，南康军城郭人也。家赡于财而又重以礼义，故其姻戚婚聘，非好事莫之与亲。

图二　素胎陶罐

图三　青白釉折肩钵

图四　素胎陶钵

图五　青白釉唇口碗

图六　青白釉敞口碗

图七　青白釉注壶

及长，遂适于南康星子县清泉乡何村社胡雅家，富有德行。夫人性厚重，多慈仁，务恭肃，不好轻浮，至于笑语，一无所妄。事舅姑，尤能尽其孝道，未尝少悖其礼。及主中馈之职，每恭执爨，不惮勤劳，朝昏从事于其间，族中之人自长及幼无不钦其能。至于乡闾，远近皆闻其誉，莫不务式所为，服循其行矣。平居尚俭约，珠珥伟丽之饰，非所好也，丝麻桑枲□事，惟所务焉。夫人曰：生男三人。孟曰思聪，仲曰□，名丑生，季曰小名，行者在：□女二人，长适重希律，次适宋肇。夫人享年四十有八，于元祐七年正月一日感疾，卒于家。使人闻之，莫不伤悼。元祐七年十二月十二日，安葬于地名胡六山。从吉□□□。其夫胡雅乃坚请予为之文，遂询其平□□□□书之铭曰：

孤烟霭霭兮瞑长岗，悲风飒飒。泉局一开兮千百载，夫人灵□。

北宋建中靖国元年（1101 年）男墓（胡仲雅）出土器物如下。

青白釉折肩钵　1 件。敞口，束颈，斜折肩，斜腹下收，小平底。器内、器外口沿至肩部施青白釉，釉色泛青发木。外腹至底部露胎，胎

图八　陈氏墓志

图九　青白釉折肩钵

图一〇　青白釉唇口碗

图一一　素胎弦纹陶双系罐

色灰白，露胎处旋轮纹痕明显。口径 21.3、底径 5.2、高 9.7 厘米（图九）。

青白釉唇口碗　1 件。敞口，唇微凸，斜直腹，小圈足，内底呈脐状凸起。施青白釉，釉质莹亮，色微泛黄，圈足内露白胎。口径 10.8、底径 3.2、高 4.4 厘米（图一〇）。

素胎弦纹陶双系罐　1 件。唇口，溜肩，椭圆形腹，饼足微内凹。肩部刻划弦纹两道，两弦纹间对称饰双横系，系由扁泥条制成。素陶胎，器下腹至足饰一层泥浆，胎色灰黑，器身旋轮纹痕明显。口径 7、底径 7.3、高 17 厘米（图一一）。

青白釉碗　2 件。敞口，弧腹，高圈足。其中一只碗口沿下刻划数道弦纹。施青白釉，色微泛黄，圈足内露白胎。口径 15.2、底径 4.5、高 7.3 厘米（图一二、一三）。

青白釉敞口碗　1 件。敞口，口沿外撇，弧腹，圈足。全器素面无纹，施青白釉，釉色纯正莹亮，积釉处呈湖水绿色，有冰裂纹开片。圈足内露胎，胎白坚致。口径 12.4、底径 3.6、高 5 厘米（图一四）。

石砚　1 方。扁平方形砚石，上宽下稍内敛，

图一二　青白釉碗

图一三　青白釉碗

图一四　青白釉敞口碗

图一五　石　砚

截面为梯形。砚面作一椭圆形砚池，砚堂部分较浅，近砚额处较深。整体未作打磨，较粗糙。长 10.4、宽 7 厘米（图一五）。

墓志　1 方。青石质，圭形。楷书，20 行，满行 24 字。宽 59、高 70 厘米（图一六）。志文如下。

宋故胡君十四郎墓志铭

君姓胡，讳仲雅，字正夫。曾祖八郎，祖父二十三郎，父十四郎，俱不显。其讳其先本鄱阳人也，世居于星子县，□□□里庐阜之阳。母亲阳氏，夫人育男三人。君为长□□仲，仲悠先逝矣。君娶本军城下陈氏，复生三□，□思聪，婚同里陶氏；次思颜、思成，各未有室。女子二人，□娉沙溪重希律，三娘事黄豈、宋肇，皆良婿也。男□□之志，女则从母之仪，尽行孝敬也。妻陈氏，不谐□□，乃辞世，遂再问里中张氏为室焉。君性天然，□□□□宾客，无倦接迎，每与其侄思用，仲弟之子也，同治家□□财，不二心。营种丰余，可赡一家，备足务在勤□□□。元符二年己卯岁秋，感疾旬浃，至九月七日不幸倾丧，□□五十有七。安厝未利，乃停柩在家，逾二载乃葬。道□□奉□，事既毕，择建中靖国元年辛巳岁十二月十一日丁酉，选地葬于玉荆山。其山坎来，作庚向，卜问叶吉。亲党邻里悲怆，送之始终，备用浮生如此，不易得也，乃为君作铭曰：

哀哉正夫，义重和光。五十有七，中寿奄亡。玉荆之山，迁葬其傍。坎来庚向，宅兆吉良。茂林翠抱，涧水流长。子孙奉祀，千载永芳。

女墓主与男墓主属夫妻。女墓主陈氏，卒于北宋元祐七年（1092 年）正月，享年 48 岁，同年十二月葬于胡六山。

男墓主胡仲雅，字正夫，江西星子县人。卒于北宋元符二年（1099 年），享年 57 岁，于北宋建中靖国元年（1101 年）葬于玉荆山，其妻陈氏也从胡六山迁葬至此与其合葬。

女墓墓志所载南康军，于北宋太平兴国七年（982 年）分洪、江等州置，治星子县。属江南西路。南宋绍兴初改属江南东路。辖境相当今江西星子、都昌、永修、安义等县地。

（彭适凡、唐昌朴执笔，原载《文物》1980 年第 5 期）

宋故胡君十四郎墓誌銘
君姓胡諱仲雅字正夫曾祖八郎祖父二十
郎俱不顯其諱其先本鄱陽人也世居于
里廬阜之陽母親陽氏夫人育男三人
仲　仲　惣先逝矣君娶本軍城下陳氏
思聪婚同里陶氏次思顔思成各未有室
娉沙溪重希律三娘事
之志女則從母之儀盡行孝敬也妻陳氏
乃辞世遂再閤里中張氏為室焉君性
寬容無倦接迎每与其姪思用仲弟之子也
財不干心營種豐餘可贍一家備足
二年己卯歲秋感疾旬浹至九月七日
五十有七安厝未利乃停柩在家
事既畢擇建中靖国元年辛巳歲十
于玉荆山其山坎来作庚向卜問叶吉
之始終備用浮生如此不易得也乃為君作銘曰
哀哉正夫　義重和光　五十有七
中壽奄亡　玉荆之山
坎来庚向　宅兆吉良
澗水流長　子孫奉祀　千載

图一六　胡仲雅墓志

金溪县
北宋大观三年墓

1987 年 12 月，在金溪县城北侧鹧鸪岭南麓发现一座宋代夫妇合葬墓，墓葬坐北朝南，墓室青砖砌就，平面呈长方形，长 3.2、宽 2.2 米。墓内以砖墙分隔成三部分：北端为一横室，宽 0.6 米；横室以南为并列的两个竖室，大小相同，长 2.1、宽 0.8 米。三室间有拱形小门相通，均为券顶，高 1.8 米（图一）。墓室内没有发现尸骨。随葬器物主要放置在横室内，有瓷碗、瓷盏等，均两两扣合，摆放整齐。另有石地券两方，分别正对两竖室的拱门，地券前各放铁鼎 1 件。在东竖室内发现铜镜、石砚、头饰等。出土器物有青白釉瓷、青釉瓷、铁锅、铜镜、银头饰、石砚、地券等，介绍如下。

青白釉刻划折枝菊纹花口碗 2 件。大小相同。六缺花口，斜弧腹壁，腹较深，圈足。器内刻划折枝菊纹，间隙处填以锥刺纹组合纹样，刻纹清晰流畅。施青白釉，釉质莹润纯正。圈足内露胎，有黑褐色垫烧痕，胎质洁白细腻。为北宋青白釉瓷之佳作。口径 18.4、底径 6、高 7.8 厘米（图二、三：1）。

青白釉刻划折枝菊纹浅腹花口碗 3 件。大小相同。六缺花口，斜弧腹较浅，内底平坦，圈足。内底刻划折枝菊纹，间隙处填以篦纹。施青白釉，釉色莹亮纯正。圈足内露胎，有黑褐色垫

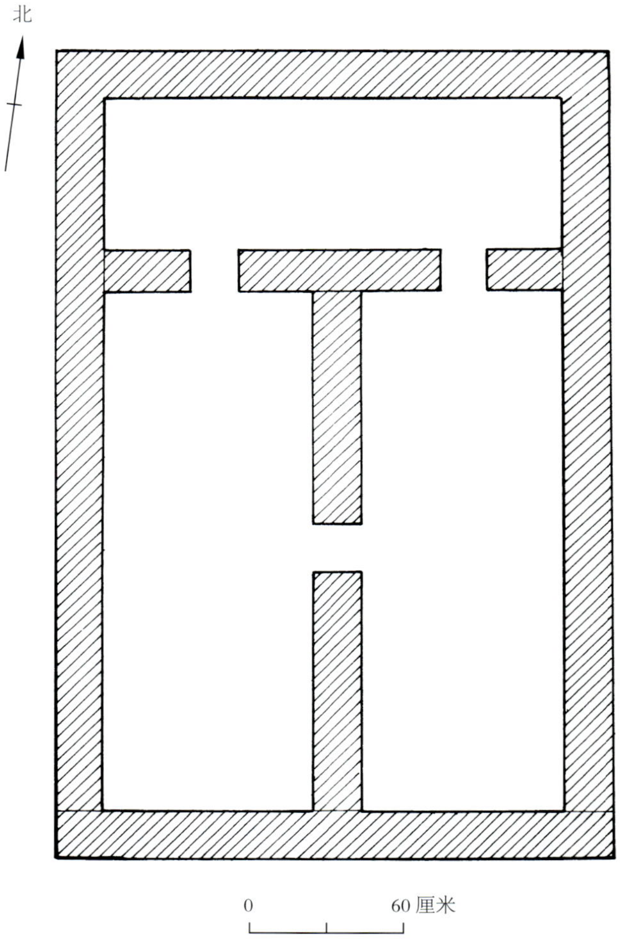

图一 墓葬平面图

图二　青白釉刻划折枝菊纹花口碗

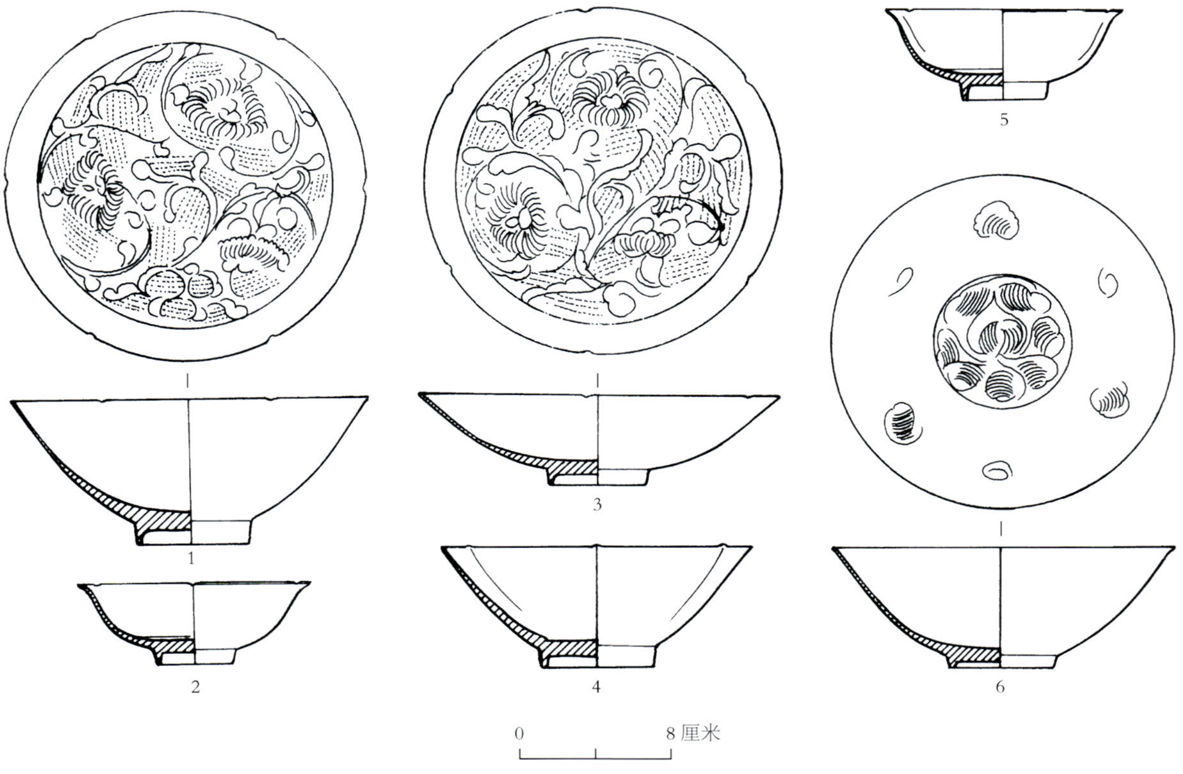

图三　出土瓷器

1. 青白釉刻划折枝菊纹花口碗　2、5. 青白釉花口盏　3. 青白釉刻划折枝菊纹浅腹花口碗　4. 青釉花口碗　6. 青白釉刻划牡丹纹碗

图四　青白釉刻划折枝菊纹浅腹花口碗

图五　青白釉刻划牡丹纹碗

烧痕，胎质洁白细腻，为青白釉瓷上乘之作。口径 18.5、底径 5.3、高 4.5 厘米（图三：3、四）。

青白釉刻划牡丹纹碗　2 件。大小相同。敞口卷沿，斜弧腹，圈足。碗内底刻划单朵牡丹花纹，内壁饰稀疏的云气纹。圈足内露胎，有黑褐色垫烧痕，胎质洁白细腻。口径 17.6、底径 5.8、高 6.2 厘米（图三：6、五）。

青白釉堆塑龙纹瓶　2 对。大小相同。形制相同，成对置放。盂形口，颈上小下大，丰肩，长椭圆形腹，圈足外撇，足变形，不规则。颈部满饰弦纹，呈螺旋状，上缠绕一条堆塑四爪龙，龙身有鳞。肩颈间有三条弧形鋬手，每条鋬手外侧刻饰竖凹弦纹，肩部堆塑绳纹一周。笠帽形盖，子口，纽不能执。施青白釉，釉色泛黄。盖内、圈足露胎，胎白坚致。口径 6.1、底径 8.4、通高 37 厘米（图六）。

图六　青白釉堆塑龙纹瓶

青白釉花口盏 5件。大小相同。六缺花口外敞，微卷沿，弧腹壁，圈足。内底平坦，上饰弦纹一周，形成月亮形底（图三：2、5）。施青白釉，釉面清润闪绿色，玻璃质感强（图七），4件釉面有冰裂纹开片（图八）。圈足露胎，胎白坚致。口径12、底径4.1、高5厘米。

青白釉罐 2件。大小相同。平口，短粗颈，溜肩，浑圆腹，圈足。施青白釉，釉泛白较薄，胫部至底露胎，胎白坚致。口径5.7、底径3.5、高9.3厘米（图九）。

青釉花口碗 1件。六缺花口，唇微外卷，六瓣瓜棱斜弧腹，圈足较高，内墨书一“豆”字。施青釉，釉呈浅青褐色，有细开片，釉面易剥蚀。灰白色胎，火候稍低。口径16.4、底径6、高6.3厘米（图三：4）。

青釉单系执壶 1件。盘口，细颈，鼓腹，平底。流较短，对称处为泥条状把手，颈侧有一泥条状环形系。施青釉不及底，釉流痕明显，色深处呈蟹壳青色。胫部至底露胎，胎呈灰色。口径5.6、底径5、高11厘米。

双耳三足铁锅 2件。大小相同。撇口，弧壁下收为圜底，沿对称置两弧形立耳，下有三外撇细圆柱足。褐黄色，有锈斑。口径17.3、通高14.6厘米。

方形铜镜 1件。正方形，凸缘，中央有小纽，素地无纹，青灰色。边长12.5厘米。

银头饰 1件。细条状，一头扁平，一头圆尖。灰黑色。长7厘米。

抄手石砚 1方。青石质，浅灰色。平面呈梯形，砚面后倾，形如箕底，前端“开口”，供抄手取用。砚面划框线，四周有边墙，四角各刻一卷曲纹。长10.5、宽6.9、高1.4厘米。

图七 青白釉花口盏

图八　青白釉花口盏

图九　青白釉罐

地券 2方。大小相同，青石质。委角，有四周框和竖线格。阴刻楷书，券文从右向左，14行。券首分别横书“孙君地券”和“徐氏地券”。宽46.5、高52厘米。录文如下。

孙君地券

维大宋岁次戊子大观二年十月初三日殁故孙大郎卒，以次年十一月二十日茔葬。龟筮协从，相比袭吉。宜于抚州金溪县归政乡周坊源鹧鸪岭安厝宅兆。谨用钱九万九千九百九十九贯文，兼五彩信币，买地一段。东西一百步，南北一百步，东至青龙，西至白虎，南至朱雀，北至真武。内方勾陈，分掌四域。丘丞墓伯，分步界畔。道路将军，齐整阡陌。千秋万岁，永无殃咎。若辄干犯诃禁者，将军亭长收付河伯。今以牲牢酒饭，百味香新，共为信契。财地交相分付，工匠修营安厝。已后永保休吉。知见人：岁月主。保人：今日直符。故气邪精，不得忏怪。先有居者，永避万里。若违此约，地府主吏自当其祸。主人存亡悉皆安吉。急急如太上律令。

“徐氏地券”与“孙君地券”书出一人之手。徐氏殁于“大观二年八月二十八日”，券文其余内容均同。录文如下。

徐氏地券

维大宋岁次戊子大观二年八月二十八日殁故徐氏大娘卒，以次年十一月二十日茔葬。龟筮协从，相比袭吉。宜于抚州金溪县归政乡周坊源鹧鸪岭安厝宅兆。谨用钱九万九千九百九十九贯文，兼五彩信币，买地一段。东西一百步，南北一百步，东至青龙，西至白虎，南至朱雀，北至真武。内方勾陈，分掌四域。丘丞墓伯，分步界畔。道路将军，齐整阡陌。千秋万岁，永无殃咎。若辄干犯诃禁者，将军亭长收付河伯。今以牲牢酒饭，百味香新，共为信契。财地交相分付，工匠修营安厝。已后永保休吉。知见人：岁月主。保人：今日直符。故气邪精，不得忏怪。先有居者，永避万里。若违此约，地府主吏自当其祸。主人存亡悉皆安吉。急急如太上律令。

从地券可知，此墓为孙大郎夫妇合葬墓。妻徐氏大娘卒于北宋大观二年（1108年）八月，夫孙大郎卒于同年十月，夫妇二人于北宋大观三年（1109年）十一月同时下葬，葬地鹧鸪岭这一地名一直沿用至今。

（陈定荣执笔，原载《文物》1990年第9期）

鄱阳县
北宋政和元年墓

1972 年 9 月，鄱阳县团林公社东湖大队东湖生产队社员，在平整土地时，发现北宋熊本妻施氏墓一座。江西省博物馆闻讯后，对现场进行了清理。

该墓位于鄱阳县城郊东北约 0.5 公里，因墓室挖开，大部分器物被取出，故器物原始位置被扰乱。根据现场观察及向社员了解，该墓为长条形麻石砌叠，墓室平面呈长方形，墓向 180°，墓底长 2.93、墓室前端宽 1.5、后端宽 1.4、高 1.5 米。墓壁用 7 层麻石平砌，墓底横平铺，墓顶用石板覆盖，十分牢固。麻石长 1.5、宽 0.34、厚 0.2 米，最长为 2.35 米。墓室前端置金、银器和铜钱、铁板等物，后端放置瓷器，墓室四角各放铁牛 1 只（图一）。石刻碑记 1 方，置于石椁上面。墓志 1 方，置于墓室后端 1 米处。出土器物介绍如下。

青白釉印花花形粉盒 1 件。盒呈六瓣花形。盖、身高度相等，子母口，花形足。盖面平，上印珍珠地花卉纹，盒外底竖印“汪家记正”

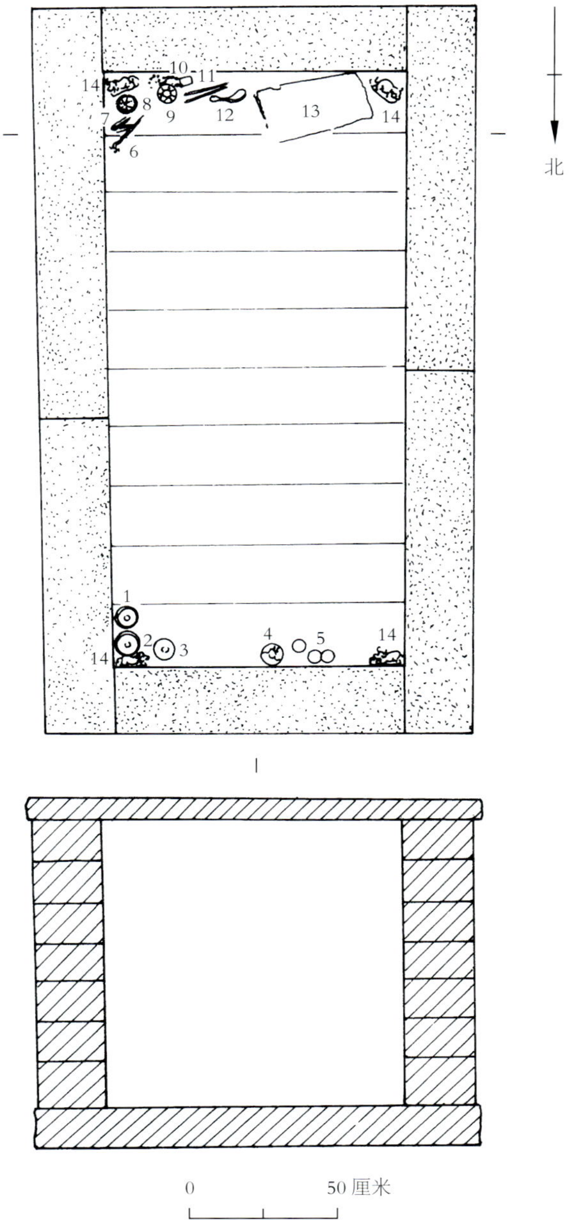

图一　墓葬平、剖面图

1、2. 白釉刻划牡丹纹芒口碗　3. 白釉刻划牡丹纹芒口钵　4. 白釉刻划弦纹罐　5. 白釉圆形粉盒　6. 金簪　7. 金钗　8. 银盒　9. 铜镜　10. 水晶项链　11. 银筷　12. 银勺　13. 铁板　14. 铁牛

图二　青白釉印花花形粉盒

楷书阳文款识，为制盒作坊之号。施青白釉，积釉处呈湖水绿色，外底、子母口处露胎，胎质洁白细腻。造型小巧精致，为妇女盛化妆品用的粉盒。口径 5.1、底径 4.9、通高 3 厘米（图二）。

青白釉芒口碟　1 件。平口，弧腹，平底。内底有弦纹一周。施青白釉，釉色青绿，釉质莹润，口沿露白胎。口径 10.5、底径 5.1、高 3.2 厘米（图三）。

白釉刻划牡丹纹芒口钵　1 件。平口，深腹，平底。内底刻饰牡丹花纹。施白釉，有乳浊感，口沿露胎，胎白坚致。口径 13.4、底径 10.5、高 4.5 厘米（图四）。

白釉刻划弦纹罐　1 件。凸唇，短颈，丰肩，筒形腹，平底。颈部刻饰弦纹两道。施白釉，釉有脱落，平底露白胎。口径 3.4、底径 6.7、高 8.2 厘米（图五）。

白釉圆形粉盒 2件。大小相同。盒呈圆饼形。子母口，盖身各半，盖面平，盖壁和盒壁直，矮圈足。盖面在折光处隐约可见两朵折枝菊纹，应是金彩描绘的纹饰，惜金彩已全部脱落。施白釉，色泽晶莹，有乳浊感。盖沿、口沿、圈足足端露胎，胎质洁白细腻。器形小巧精致。口径6.6、底径3.8、通高3.3厘米（图六）。

白釉刻划牡丹纹芒口碗 2件。大小相同。敞口，浅腹，小圈足。器内口沿下有一周弦纹，下刻饰一折枝牡丹，纹饰几乎占满器内，叶内填以篦纹，线条流畅，纹饰生动有力。施白釉，一器釉质莹润（图七），一器釉色泛黄发木（图八）。口沿露胎，胎呈白色。口径16.6、底径3.8、高4.8厘米。

图三 青白釉芒口碟

图四 白釉刻划牡丹纹芒口钵

图五 白釉刻划弦纹罐

图六　白釉圆形粉盒

图七　白釉刻划牡丹纹芒口碗

图八　白釉刻划牡丹纹芒口碗

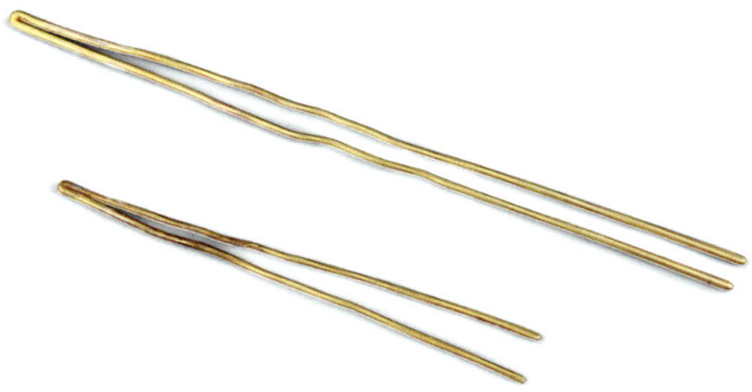

图九　金　钗

金钗　2 件。形制相同，光素无纹。一件长 20.5 厘米，重 34.5 克；另一件长 13.5 厘米，重 18.2 克（图九）。

龙纹金簪　1 件。在近簪头 11 厘米处錾刻一龙在云海中旋转翻腾直上至簪头，龙身围着簪体盘绕而上，龙头錾刻于圆簪头中间。龙纹设计巧妙，制作精细。长 30.5、端头直径 1 厘米，重 38.6 克（图一○）。

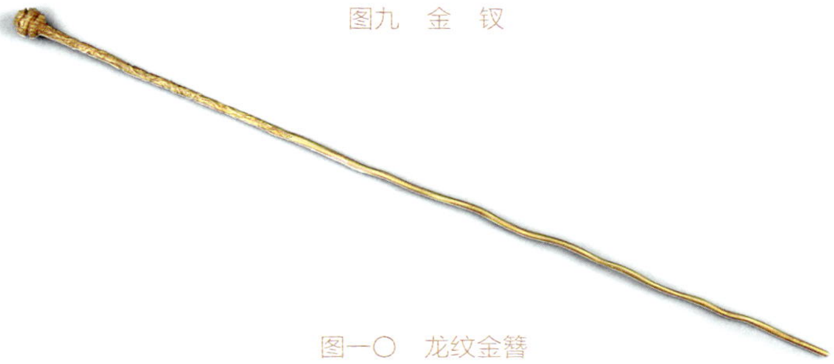

图一○　龙纹金簪

金簪　3 件。长 7.5~10 厘米，共重 5 克。根据簪头的不同，可分为两种式样。其中一件呈花冠形，花形簪，簪脚为直径约 1.3 毫米的小金丝，接近簪头部则将金丝捶为扁平弯曲状，再将薄金片嵌扣于两侧而曲折起皱，使之成鸡冠花状。一侧的皱花残损。长 7.5 厘米，重 1.6 克。另两件形状相同，簪脚为细金，从足尖 7 厘米处始将金丝捶扁，分成两股长约 4 厘米的细金丝（图一一）。

图一一　金　簪

银勺　1 件。现只残留大部分把柄及约三分之一的勺体，把柄的上部扁平有中脊，向下渐成四方条状；勺根部平整，但厚薄适中，微有下凹。残长 16.4、宽 2.5 厘米，重 15 克（图一二）。

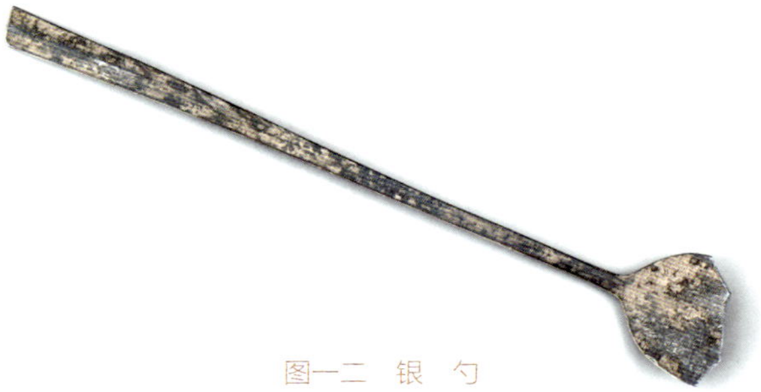

图一二　银　勺

银筷　1 双。圆条状，六方头，无纹饰。筷子上端抓手处，作六方柱状体，长约 10 厘米；中段稍大，直径约 0.42 厘米；两头渐细，尤其是下端由方变圆，至端顶成尖堆状。长 23 厘米，重 40 克（图一三）。

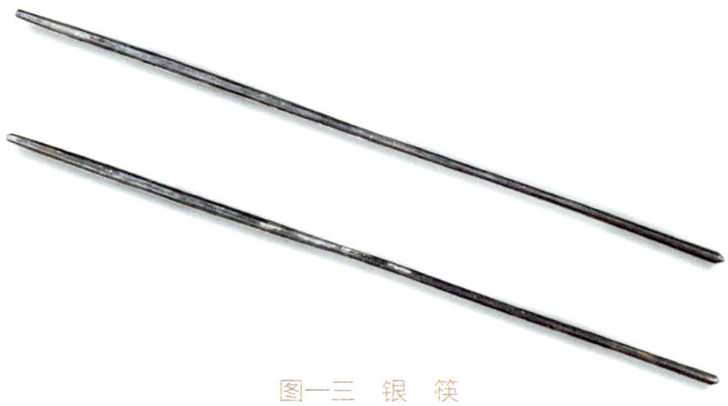

图一三　银　筷

银盒 1件。底盖均残破，根据残片观察，银盒似呈八瓣花状，饰有花鸟图案。其形制与四川德阳出土的宋代银盒大致相同。

铜镜 1件。外边作六瓣形，边缘凸起，素面无纹饰，中间有一半球状小纽，一侧铸有长方形制镜作坊图记，锈蚀不清。直径15.5厘米。

铁牛 4件。形制大小均同，已锈蚀。长18、高10.5厘米。

铁板 1件。已锈蚀。长45、宽32.5厘米。

水晶项链 1件。水晶牌一面光素平整，一面阴刻线琢有弧形羽状纹。长10.5、宽6.9厘米。水晶珠66颗，较匀称。大珠直径1.4厘米，小珠直径0.9厘米，一颗大球中有三通穿孔（图一四）。

碑记 1方。长方形，青石质。直行阴刻楷书，共80字。宽44、高75.5厘米（图一五）。碑文如下。

图一四 水晶项链

宋故中大夫龙图阁待制熊公讳本之夫人，咸宁郡太夫人施氏，享年六十有九。其终以大观三年十二月十一日辛巳，其葬以政和元年正月二十一日甲申。其铭志藏于墓前，今中书侍郎刘公正夫之文也。

墓志 1方。青石质。志盖上阴刻直行篆书"宋咸宁郡太夫人施氏墓志铭"。宽122、高114厘米。志楷书，38行，满行40字。宽110、高113厘米（图一六）。志文如下。

宋故咸宁郡太夫人施氏墓志铭

中大夫、守中书侍郎、轻车都尉、彭城郡开国侯食邑一千户食实封一百户信安刘正夫撰。资政殿学士、中大夫、知江宁军府提举学事、江南东路兵马钤辖、轻车都尉、河东县开国子食邑六百户钱唐薛昂书。翰林学士、中奉大夫、知制诰兼实录修撰同修国史、云骑尉、文安县开国子食邑六百户食实封一百户建安范致虚篆盖。

咸宁郡太夫人施氏，故龙图阁待制、赠银青光禄大夫熊公讳本之室也。公鄱阳诸生，以才学政事，自奋于寒远。丁熙宁天子大有为之时，出为世用，有言有绩，著在四方，书之史牒，更践藩垣，扬历禁从者，殆二十年。元祐辛未，召自外服，行至仪真，以疾终奄，距今十有九年。而夫人适缘其子奉使江淮间，又抵仪真，得疾舟中，遂以不起。呜呼！其偶然耶，其亦所定于前者不可逃耶。夫人初与其子官京师，

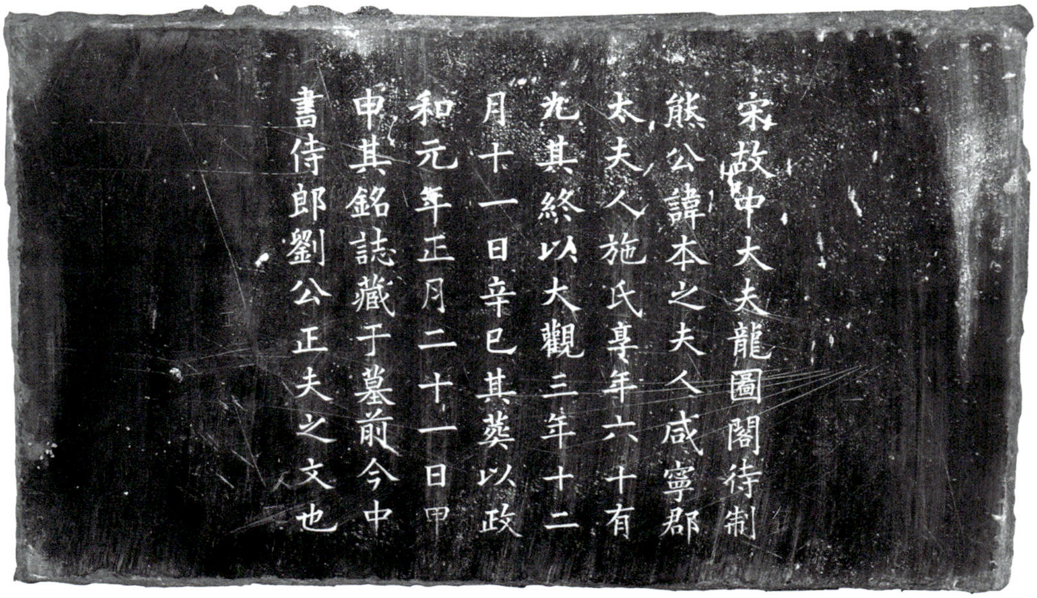

图一五　熊本妻施氏墓碑记

康强无所苦，食饮如平时，闻其兄庐陵使君之讣，痛念同气，忽忽不自释。诸儿欲以写其忧，于是如淮南，岂死生有地，必至其所而后尽乎。行或使之，止或尼之，行止非人所能为，斯言可稽矣。惟施氏世家宣城，尚书兵部郎中、赠金紫光禄大夫讳元长者，夫人之皇考也。尚书刑部侍郎讳涣者，其大父也。施氏之显，肇自秋卿，至金紫公遂为江左名家。夫人以懿淑柔慧之姿，高于族属，慎择所配，得龙图银青公以归焉。银青公仕未显，母且病而春秋高，又有悼亡之衅，顾无以奉承萱养而解其忧，思得贤继，以宜室家。夫人归熊氏，克勤妇道，以事老姑，小大必请，惴惴巩弗及。虽膳羞缝纫滫瀡之烦，必力伺姑之起居，侦其颜色忻感，不敢辄自安。至于病且剧，夕不解衣者累月，终其丧，哀至于瘠，非天资诚孝，而能若是乎。则所以相君子，睦内婣，共祭祀，拊僮御者，其得礼中度可知已。故银、青公不复顾内事，罄尽于公家，以报神圣之知，完终始之节，隐然为名侍从。方熙宁更定法令，以饬蛊革弊，而君臣聚精会神，趋时赴功，维日不足。睿圣之主，德义之相，一时经纶之杰如银青者，才三数人耳，公虽不克至辅弼而终焉，然论世尚贤者，不敢少贬。夫人之令德，无愧于前闻，又相因以不朽，孝子慈孙，可无憾焉。银青公有七男，与其女子合十有二，嫡孽前后之间，如出乎一，无得窥而议者。故宦游南北，更往从之。岁时燕集，彩衣属袂，下逮孙曾，数至半百，其生也荣，其死也哀，此世之所慕望而窃叹其不可及者。夫人初为县君，封金华，进为郡君，封齐安，皆银青公遇郊祀恩所奏也。诸子通籍于朝，自齐安三改其封，为郡太君者二：初安康、次吴兴；遂进封于咸宁郡，为太夫人焉。诸子独俅以承奉郎不幸者一人，冢嗣而下，未登于朝者才二人。侃为朝散大夫，以才擢佐开封府幕。侗为朝请，通守亳州。伋为通直，宰上元。倩为奉议，卒贰荆渚。佃为宣德，莅局文绣。价为宣义，雍丘庾官。将使淮甸者，佃也。才力志愿，俱非录录出人下者，浸浸然将大以嗣于公。诸女之归，皆时所知名而显用者。朝奉郎、鸿胪丞叶膺，朝奉大夫、尚书礼部员外郎单旿，中大夫、大晟府典乐刘诜，大晟府协律彭修，直秘阁、知桂州、广西经略程邻，其子婿也。孙男曰彦诜、彦昭、彦绰、彦圭、彦恽、彦璋、彦明、彦瑜、彦悰、彦说、彦深、彦恂、彦瓖、彦诗、彦讷。昭为从事，说为将仕，余未官与未名者，合二十有二。孙女三适于人，与尚幼者合十有四。曾孙男女合四人。夫人享年六十有九，其终以大观三年己丑十二月丁丑十一日辛巳，其葬以政和元年辛卯正月庚寅二十一日甲申，其祔以饶州鄱阳县荐福寺东山之原，银青公之兆。其能状夫人之实副诸孤之志请铭其藏者，主客员外郎章公弼也。章亦鄱阳人，于银青公相知父子间，尝登堂而拜夫人。以予占姻娅于熊，又知诸郎之贤而与之游有年，请之重，辞之难，铭之不诬，以信于后，以慰其孝思。铭曰：

赫赫熙宁，神圣作兴。有来豪杰，佐时经纶。屈指一二，鄱阳银青。夫人克媲，载穆令闻。公勤于外，内弗加询。宾祭翼翼，姑安稚循。谁其助相，咸宁夫人。子无孽嫡，罔闻后前。孙曾戢戢，坐膝携肩。宦服戏彩，岁时周旋。淮南之去，物或使然。共尽斯地，更二十年。理晦莫诘，怪非可传。铭纪其实，昭哉漏泉。

墓主咸宁郡太夫人施氏，为龙图阁待制熊本之妻，卒于北宋大观三年（1109 年），享年 69 岁，葬于北宋政和元年（1111 年）。施氏出生于官位显赫的大官僚家族，祖父施元长，为宋尚书兵部郎中、金紫光禄大夫；父施涣，官至尚书刑部侍郎。据清末至民国的史表专家吴廷燮《北宋经抚年表》记载：“治平元年，兵部员外郎施元长，知洪州。”又《江西通志》卷九云：“施元长，兵部郎中知洪州。府志，治平元年任。”

施氏之夫熊本（1026~1091 年），字伯通，今江西鄱阳县人。为北宋名臣，文学家。熊本儿时知学，为范仲淹所赏识。举庆历六年（1046 年）进士，为抚州军事判官，迁楚州团练判官，调建康军节度推官，后改秘书省著作佐郎，知开封府兵曹参军。英宗登极，迁秘书丞知建德县，迁太常博士。神宗时迁尚书屯田员外郎。后察访梓夔，击降泸州罗晏之变，又先后奉命安抚渝州、宜州，边绩茂著。神宗称其文有典诰体，遂知制诰。熊本上疏王安石变法极赞改制，累官吏部侍郎。逾年请外任洪州等处。疾病遂告老，勿许。卒于真州，归葬江西鄱阳故土。熊本著有《文集》、《奏议》八十卷传世。《宋史》卷三三四有传。

墓志的撰文者刘正夫（1062~1117 年），字德初，浙江衢县人。元丰年间（1078~1085 年）进士。历官真州教授、太常博士、中书舍人、礼部侍郎；北宋大观三年（1109 年）召为工部

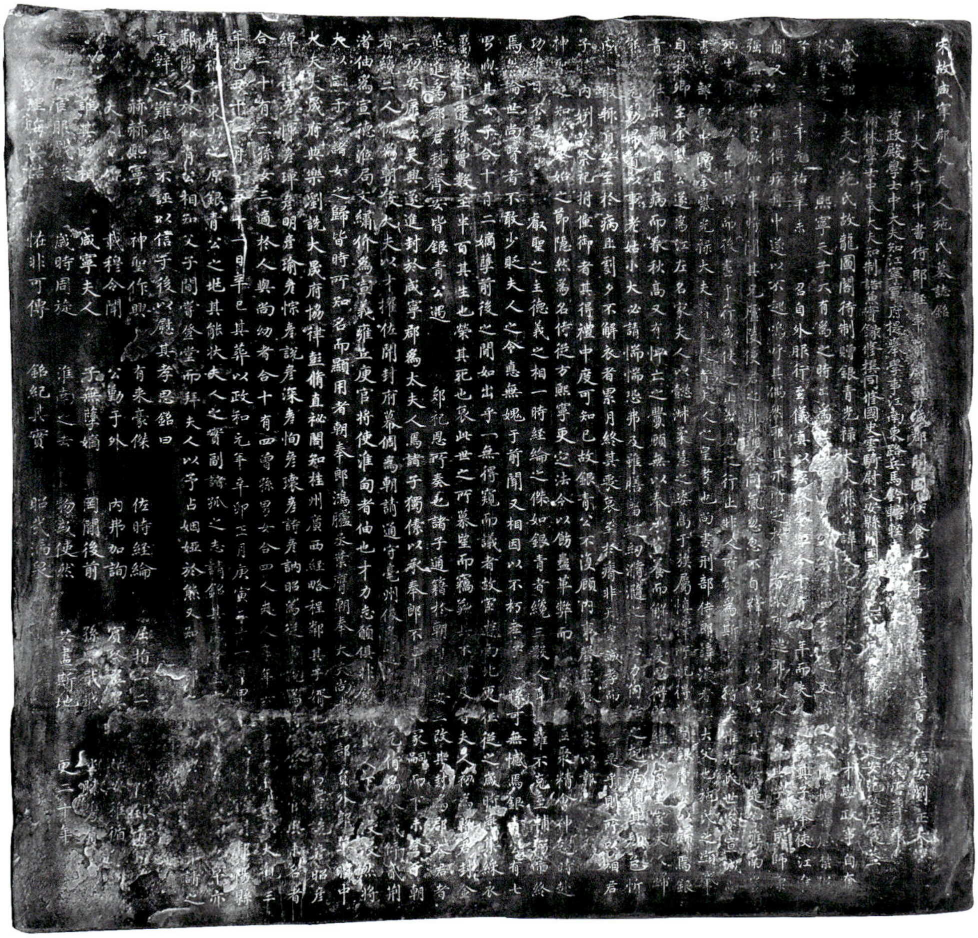

图一六 墓志

尚书，拜右丞；政和六年（1116 年）擢拜少宰。《宋史》卷三五一有传。书丹者薛昂，浙江杭州人。元丰八年（1085 年）进士。历官太学博士、校书郎、中书舍人、刑部尚书、兵部尚书；大观三年（1109 年）拜左丞。靖康初以金紫光禄大夫致仕。《宋史》卷三五二有传。篆盖者范致虚（？ ~1129 年），字谦叔，福建建阳人。元祐进士。历官太学博士、左正言、右司谏、中书舍人、刑部尚书。南宋建炎三年（1129 年）知鼎州。《宋史》卷三六二有传。又光绪《江西通志》载："范致虚于徽宗朝尝出知洪州，然《宋史》本传不载。"

值得注意的是，施氏墓志中所记的"方熙宁更定法令，以饬蛊革弊。而君臣聚精会神，趋时赴功，维日不足。睿圣之主，德义之相，一时经纶之杰，如银青者才三数人耳。公虽不克至辅弼而终焉，然论世尚贤者，不敢少贬"，这对研究王安石变法和熊本、刘正夫的思想倾向具有重要的学术价值。

（余家栋执笔，原载《考古》1977 年第 4 期）

进贤县
北宋政和八年墓

1972年2月，进贤县池溪公社焦家生产队社员在村后取土时发现一座砖石构砌的夫妇合葬墓，两墓间以圹壁相隔。随葬器物主要为瓷俑。人物俑模制成型，中空，素胎，胎呈灰白色，胎体坚致。介绍如下。

老翁俑 1件。发髻高挽成花形，大耳，大眼，高鼻，胡须浓密，面容丰腴，神态慈祥。身着交领宽袖袍服，下着裙裤，脚穿尖靴。腰系革带，前垂大带，双手合置于胸前。高19.7厘米（图一）。

捧镜女俑 1件。头梳双髻，耳戴环，弯眉，大眼，高鼻，小嘴，面容丰腴端庄。上穿对襟短衣，袖较长，双手藏于袖内捧镜于胸前，下穿着地百褶裙，脚穿尖头靴。高19厘米（图二）。

武士俑 4件。形态相同。头戴盔，盔顶簪缨，两侧贴双翅。身着甲胄战袍，腰束带，下露两脚尖。右手执剑于前，左手紧握右手腕。宽脸高鼻，双目圆睁，形象威武。高19厘米（图三）。

文吏俑 4件。其中3件俑头戴幞帽，帽山隆起呈长方体，两带分垂于肩两侧，双手合置于胸前（图四～六）。一件俑帽前端刻一“王”字，鼻下胡须浓密，双手持笏于胸前（图七）。此4俑皆身穿交领宽袖袍服，下着裙裤，脚穿尖靴，腰束革带，前垂大带。面容丰腴，五官端正。高19厘米。

风帽俑 1件。面容丰腴，五官端正。头戴尖顶风帽，两带分垂于胸前，耳朵被帽遮住。身穿交领宽袖袍服，下着裙裤，脚穿尖靴。腰束革带，前垂大带，双手合置于胸前。高19厘米（图八）。

十二生肖俑 11件。缺俑头4。形态相同，大耳，大眼，高鼻，面容丰腴，五官端正。头戴筒形帽，帽前端刻一“王”字。身着交领宽袖袍服，下着裙裤，脚穿尖靴。腰束革带，前垂大带，双手各捧一生肖动物于胸前，其中一生肖动物缺，一为后补，分别为鼠、虎、兔、龙、蛇、马、羊、猴、狗。高19厘米（图九～一九）。

人头虫身俑 2件。虫身，两端为无发人头形象。身上刻饰弦纹，一件身体成直线微弯曲，似在爬行，另一件身体蜷曲作休憩状。一件长10.2、另一件长7.5、高3厘米（图二〇、二一）。

伏听俑 1件。头戴平顶帽，弯眉，大眼圆睁，高鼻，“八”字胡。身着长袖袍服，腰系革带，双膝跪于地上，上身下伏，双手并拢贴于地，右耳贴于手上作伏听状。长18.5厘米（图二二）。

图一　老翁俑

图二　捧镜女俑

图三　武士俑

图四　文吏俑

图五　文吏俑

图六　文吏俑

图七　文吏俑

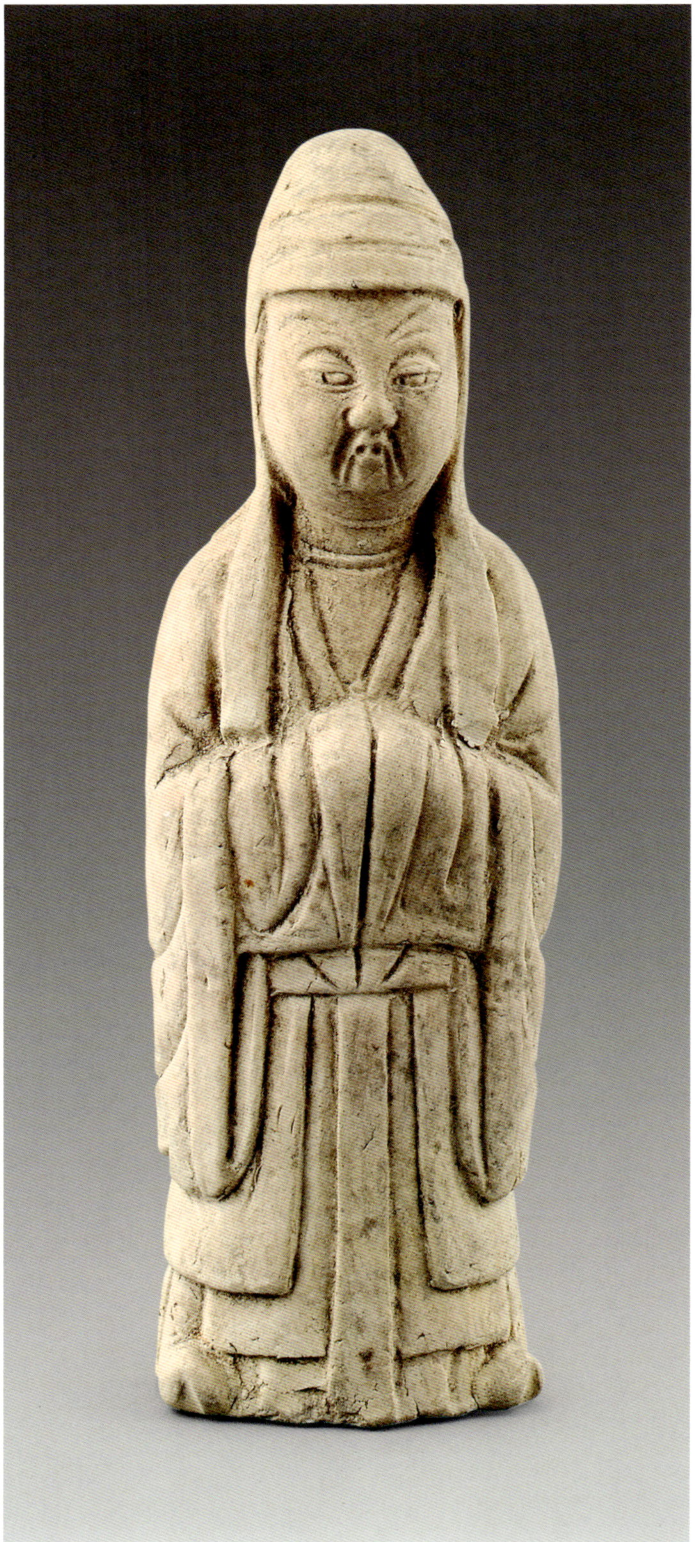

图八　风帽俑

图九　十二生肖俑

图一〇　十二生肖俑

图一一　十二生肖俑

图一二　十二生肖俑

图一三　十二生肖俑

图一四　十二生肖俑

图一五　十二生肖俑

图一六　十二生肖俑

图一七　十二生肖俑

图一八　十二生肖俑

图一九　十二生肖俑

图二〇　人头虫身俑

图二一　人头虫身俑

图二二　伏听俑

图二三　鱼

图二四　青　龙

鱼　1 件。鱼闭嘴，睁眼，尾微上翘，似在水中悠然自得地游动。鱼身刻饰有鱼鳞、鱼鳍，惟妙惟肖，生动逼真。长 12、高 4.4 厘米（图二三）。

青龙　1 件。缺龙头。龙两前足和左后足伏于地，右后足抬放于尾部，龙尾卷曲，龙身刻饰有鳍和鳞。长 12.6、高 3.6 厘米（图二四）。

龟　1 件。龟四足伏于地，昂首，首为人头形象。龟背满刻饰菱形纹，内戳印圆圈，尾巴下垂。长 6.5、宽 4.5、高 2.7 厘米（图二五）。

图二五　龟

图二六　瓷塑日

图二七　瓷塑月

瓷塑日、月 2件。底径4.6、高8.6厘米。花形器座上一塑日，一塑月，座上有卷云点缀（图二六、二七）。

瓷磨 1套，由磨盘和磨石组成。磨盘成盘形，平口，中有短柱，柱中间有一孔，磨盘一侧有捏流，平底。磨石呈柱形，面下凹，中间有一柱形孔，与磨盘的柱形孔对应，为同一插栓以固定磨石，磨石一侧也有一柱形孔，为插栓推磨之用。磨石底径4.3、高2.5厘米，磨盘底径8、高1.4厘米，通高4.3厘米（图二八）。

瓷碓 1件。长13.5、宽4.3、残高4.7厘米。碓底座呈长条状，一端呈圆形，上有一圆形臼槽，另一端微弧，底平。两侧塑有碓架（图二九）。

地券 1方。属男墓主吴助教。石质，写刻，12行。宽48、高98厘米。券文如下。

维皇宋岁次政和八年十一月己酉朔二十五日。有洪州进贤县真隐乡郑舍村居住，吴公谨助教，行年四十七岁，以疾殁故。龟筮协从，相地袭吉。宜于本乡夏家原安厝宅兆。谨用钱九万九千九百九十九贯九十九文九分，问西夷王买得地一穴，作亥山丙向。其地东止甲乙，南止丙丁，西止庚辛，北止壬癸，上至青天，下至黄泉，六极之外，将与亡人为千年冢宅。其地下有金银铜铁，悉属亡人为主。四方先有住者，大者为邻里，小者为奴婢。木精禁杀，一切伏藏。凶恶之神，不得乱来争占。如有人神争占，请地主张坚固、李定度，保见人东王

图二八 瓷 磨

图二九 瓷 碓

公、西王母，受钱人天官道士，若索钱，来海畔，日出黄昏，乱□经络。谁为书，天上鹤。鹤何在，飞上天。谁为话，水中鱼。鱼何在，入深潭。急急如律令。

墓志 1方。属男墓主吴助教。青石质，呈长方形。行书。24行，满行35字。宽80、高108厘米（图三〇）。志文如下。

宋故吴助教墓志铭

朝奉大夫、知棣州军州管句学事兼管内劝农事、提举浜、德、博三州盗贼公事借紫金鱼袋吴季述撰。迪功郎、吉州仪曹掾兼兵曹及管右推勘公事许博古书。宣教郎、新差知徐州彭城县事管句学事、管句劝农公事王彦称篆。

公讳愿，字公谨，洪州进贤人。曾祖眪，祖沔，父伋，三世皆不仕，处乡里为著姓善家。公六岁而孤，母徐鞠养。方成童，已有立志。谨身节用以事其母，治家干蛊咸有规画，虽里之耆老者有不能及之者。以故克绍其家，而久之田园资产至数倍于先业。母尝有疾，寅昏奉侍，未尝去侧，求医治疗，虽远必能致之，至尽其术而后已。母丧，哀毁过情，葬祭能竭其力，乡闾共称其孝。有弟兴诗，尤加抚恤，延师门下，教以儒业。洎长不靳资给，使从四方贤士大夫游。而其弟问学亦遂有称于时。崇宁初，诏郡邑行三舍法，以教天下士。兴每试于学，尝为第一，当时流辈皆以俊造期之。而不幸以死，死之时已与公析籍，而其子尚幼；亲戚有为管其家者，因循卤莽，日至隳坏。公为忧之，乃白于县官。而县官固以公为可托，遂易以委焉。公视其家一毫之微，不啻己物，而必躬亲，日加葺治。不数年，复至充裕，其子亦既长矣，遂举而归之，今亦不失为富人，则公之兄弟其义可为厚矣。公平生虽不甚力学，然性悰悟喜善，所与往来，皆一时文人佳士。间有贫而过我者，亦必有以赒之。岁尝旱饥，钱谷价腾踊。公损其直以售于人，而人之赖其惠者甚众。公守己未尝逾分，县官以王宫助教牒召公应补，求免者数四，不得已从之，然非其所好也。政和七年五月初十日，不幸以疾卒于家，享年四十有七。娶舒氏。子男一人，公卒后两月始生。女三人：长适常州士人许知古为赘婿；二尚幼。舒氏亦通晓，能助其夫以成其家者也。公之卒，其婿协力以奉后事，将以明年十一月二十五日，葬于真隐乡夏家原。先期许婿持临川贡士吴民载所为公行状以乞铭，予因以为可信，遂为之铭。铭曰：

人之可伤，莫大无嗣。公虽云亡，继遂有子。其门户得以有传，其岁时有以奉祀。归安斯丘，复何憾矣。

男墓主吴助教，讳愿，字公谨，江西进贤人，牒补助教，卒于北宋政和七年（1117年），享年47岁，葬于北宋政和八年（1118年）。

（彭适凡、唐昌朴执笔，原载《文物》1980年第5期）

图三〇 墓 志

南丰县
北宋政和八年墓

1975年秋，当地文物部门在南丰县古城公社赖庄青岗山清理了一座宋代夫妇合葬墓。墓为砖石混砌结构，长方形竖穴，用红条石构砌盖顶和圹墙，穴内以素砖分隔棺厅、侧室与前室。男墓在棺厅左边，侧室狭长，其中放置大量俑；女墓在棺厅右边，侧室较男墓更狭，无随葬器物。两前室窄小，各放置瓶、碗、碟、盏等器物。所出俑皆无釉，就其造型可分为墓主人俑、文吏俑、男女侍从俑、役仆俑、僧尼俑、十二生肖俑及伏听俑等，除男女墓主人俑为素瓷胎外，余皆为素陶胎，中空，平底，合模成型。两墓棺木大部已腐朽，尸骨无存。女棺枕下放置花形瓷碟1件，置“太平通宝”铜钱数枚。头部棺外两侧放置正方砖质墨书墓志与地券，志文剥蚀，仅有男墓志“维政和八年岁次戊戌”等文字可以识别。出土器物如下。

青白釉盖罐　2件。两罐形制大小基本相同，平口，直颈，溜肩，弧腹，笠帽形盖。一罐圈足外撇，圆柱形纽（图一）；一罐圈足，宝珠形纽（图二）。施青白釉，釉质较差。器内、圈足、盖内露胎，胎呈白色。口径6.7、底径6.5、通高15.5厘米。

青白釉刻划折枝花纹葵口碗　2件。形制大小相同。六缺葵口，口微敛，弧腹壁，圈足稍高。器内壁刻划弦纹一周，下饰简笔折枝花纹，线条洒脱流畅。施青白釉，釉色泛白，圈足内露胎，胎呈白色。口径14、底径4.8、高5.8厘米（图三）。

图一　青白釉盖罐

图二　青白釉盖罐

图三　青白釉刻划折枝花纹葵口碗

图四　青白釉花口折沿碗

图五　青白釉八方盒

图六　青白釉花口盏托

青白釉花口折沿碗　1件。六缺花口，折沿，六瓣瓜棱弧腹，圈足。内底刻划弦纹一周，形成月亮形底。施青白釉，釉色泛白，有细碎冰裂纹开片。圈足内露胎，胎呈白色，胎质粗。口径12.1、底径5.4、高5.2厘米（图四）。

青白釉八方盒　1件。缺盖。盒呈八方形。子口，直壁，斜胫，平底。施青白釉，釉色纯正，积釉处呈湖水绿色。子口、外底露胎，胎质洁白细腻。口径4.5、底径4、高2厘米（图五）。

青白釉花口盏托　1件。口径5.8、底径2.6、高5.4厘米。盏与托连为一体。托六缺花口，弧腹，饼足外撇。托内有柱状凸起，上支撑一小盏，盏敞口，斜弧腹，内底有小脐状凸起。施青白釉，釉色泛白。饼足露胎，胎质洁白细腻。整器小巧玲珑，是一套考究的明器茶具（图六）。

青白釉花口折沿盏　2件。形状相同。六缺花形口，折沿，弧腹。一盏圈足，口径6.4、底径3.3、高3.1厘米（图七）；一盏饼足，口径6、底径2.8、高1.4厘米（图八）。施青白釉，釉质较差，圈足或饼足露胎，胎呈白色。

图七　青白釉花口折沿盏

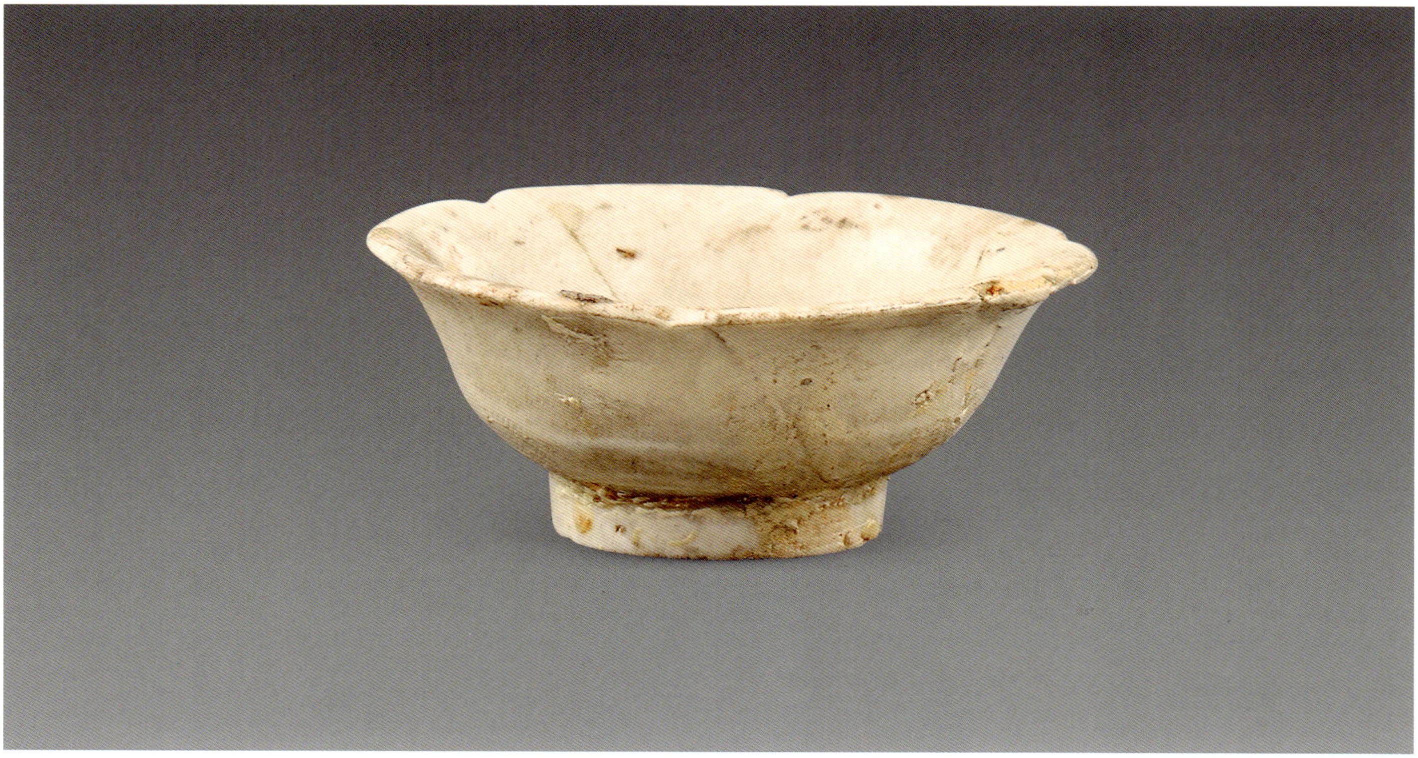

图八　青白釉花口折沿盏

图九　青白釉花形敞口碟

图一〇　青白釉花形敞口碟

图一一　青白釉花形敞口碟

青白釉花形敞口碟　3 件。形状相同。六缺花形口外敞，浅弧腹，平底。施青白釉，外底露白胎，胎薄细腻。一碟釉有乳浊感，口径 11.2、底径 4.5、高 2.1 厘米（图九）；一碟釉色纯正莹亮，口径 8.6、底径 3.7、高 1.2 厘米（图一〇）；一碟釉色泛黄，口径 6.3、底径 2.3、高 1.3 厘米（图一一）。属仿银器形，为北宋青白瓷断代的标准器。

青白釉花形敛口小碟　2 件。形制大小相同。六缺花口，口微内敛，弧腹壁，饼足。内底微凹，形成一周弦纹。施青白釉，一碟釉色泛白（图一二），一碟釉色泛黄（图一三）。饼足露胎，胎质洁白细腻。口径 6.9、底径 2.8、高 1.7 厘米。

青白釉菊瓣形小碟　5 件。形制大小相同。整器宛如一朵盛开的菊花。花形口，弧腹壁，小平底。外腹模印成十三瓣菊纹。施青白釉，釉色泛白，胫部至底露胎，胎质洁白细腻。器形小巧精致，为明器。口径 4.4、底径 1.6、高 1.2 厘米（图一四）。

图一二　青白釉花形敛口小碟

图一三　青白釉花形敛口小碟

图一四　青白釉菊瓣形小碟

图一五　青白釉堆塑龙虎纹瓶

图一六　青白釉堆塑龙虎纹瓶

图一七　青釉唇口小碟

青白釉堆塑龙虎纹瓶　2对。形状相同。盂口，长颈上细下粗，溜肩，长椭圆形腹，圈足外撇。颈部以弦纹为地，分塑有龙、虎缠绕及祥云托日、月，肩部塑有一周荷叶边形附加堆纹。施青白釉，釉色泛白。口沿、圈足、盖内露胎，胎呈白色。一对瓶颈部荷叶边形堆纹上一瓶塑有一立犬，一瓶塑有一立鸟，笠帽形盖，纽为仰俯立鸟。口径8、底径11、通高54厘米（图一五）。另一对瓶缺一盖。颈部荷叶边形堆纹上一瓶饰有祥云纹，笠帽形盖，纽为待放的花苞。口径6.9、底径9.5、通高49.5厘米（图一六）。

青釉唇口小碟　1件。敞口，凸唇，弧腹壁，圜底。施青釉，釉层较薄。胫部至底露胎，胎呈灰白色。口径7.7、底径1.8、高1.8厘米（图一七）。

男墓主人坐俑　1件。俑端坐于圆榻上。头戴平顶菱形帽，着圆领窄袖长袍，下露两脚尖，腰系宽带，左侧露带头，双手拢袖于腹前。胎色灰白，胎质坚致。坐俑高鼻，大耳，双眼微睁，胡须浓密，面带微笑，神态慈祥和蔼，应为墓主人生前形象。高21.2厘米（图一八）。

女墓主人坐俑　1件。俑端坐于圆榻上。发髻高挽，髻前有一孔，应为插簪饰之用。上着开襟窄袖短衫，下系百裥长裙，脚穿尖靴，双手拢袖于腹前。胎色灰白，胎质坚致。坐俑大耳，大眼，高鼻，面容丰腴端庄，神态慈祥，应为墓主人生前形象。高22.8厘米（图一九）。

仰观俑　1件。俑屈腿下蹬，头右仰，作昂首观望状。头戴幞帽，帽后有高高的山墙，着圆领宽袖长袍，腰系革带，左侧露带头，双手拱于胸前。俑身施有红彩，幞帽、腰带施黑彩，因年代久远，红、黑彩已大部分脱落。胎色灰白，胎质粗松。衣、袖褶皱刻划生动细腻，底部有墨书“仰俑”题记。高18厘米（图二〇）。

伏听俑　1件。俑双膝跪地，上身下伏，双手并拢贴于地，右耳靠于手上作倾听状。头戴幞帽，帽后有高高的山墙，着圆领长袖长袍，腰系革带。底部有墨书“伏听”题记，幞帽、腰带施有黑彩，黑彩脱落较多。胎色灰白，胎体较重。高5厘米（图二一）。仰俑和伏听俑，在宋墓中常有出现。据《大汉原陵秘藏经》记载，应是“仰观”和“伏听”，它们的司职当与“天曹”和“地府”相关。

道士俑　1件。束发戴冠，圆脸，高鼻，大耳，面带微笑。着右衽宽袖着地长袍，下露两脚尖，腰系带，双手拢袖于胸前。胎色灰白。高26.6厘米（图二二）。

图一八　男墓主人坐俑

图一九　女墓主人坐俑

图二〇　仰观俑

图二一　伏听俑

图二二　道士俑

图二三　僧　俑

僧俑　1件。高鼻，大耳，额前皱纹明显。身穿右衽宽袖着地僧袍，上斜罩百衲袈裟，左肩前部别一圆形小花，腰系带，脚踏尖靴，双手拢袖于胸前。胎色灰白，胎质粗松。高26.6厘米（图二三）。

男役仆俑　5件。役仆俑皆身穿圆领着地长衣，腰束带，下露两脚尖，双手握于腹前。老年役仆俑一件：头戴东坡帽，脸上皱纹较多，窄袖。中年役仆俑两件：一件头戴东坡帽，宽袖，

图二四　男役仆俑

胸前勒环弧状胸带，左侧露带头，一件头戴幞帽，窄袖。年轻役仆俑两件：头戴圆顶瓜皮帽，腰带头呈倒“V”形长垂于腹下。胎呈米白色。高 22.3 厘米（图二四）。

女仆俑　5 件。大小相同。女仆俑皆头扎双髻，四俑身着开襟长袖长衣，腰系带，背后饰碟形带饰，袖较长，双手藏于袖内，左手自然下垂，右手持物于胸前，惜手持物皆缺失。一

图二五　女仆俑

俑上着开襟短衣，下着百裥开裙，双手持帕抱一南瓜形物件于胸前。五件女仆俑身上皆依稀可见施有红彩，胎呈米白色。高 22.3 厘米（图二五）。

捧经书老年俑　1 件。头戴东坡帽，脸上胡须、皱纹较多，为老者形象。着交领宽袖袍服，宽袖外露窄袖衣，下着裙裤，露两脚尖。腰系宽带，前垂大带，双手捧经书于胸前。胎色灰白。

图二六　捧经书老年俑

图二七　持印吏俑

图二八　戴幞帽壮年吏俑

图二九　戴幞帽壮年吏俑

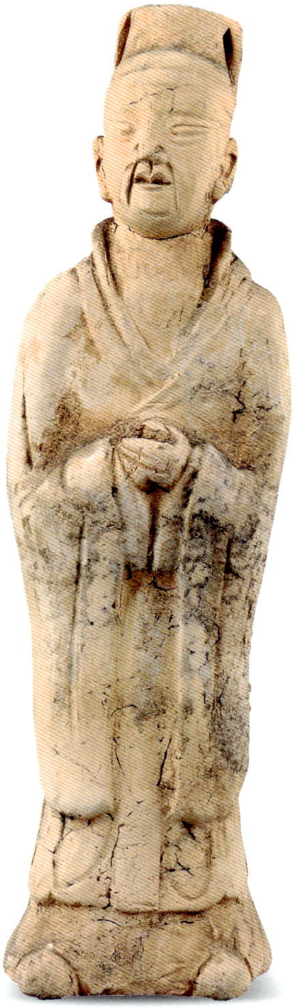
图三〇　戴幞帽壮年吏俑

图三一　戴幞帽壮年吏俑

高 26 厘米（图二六）。

持印吏俑　1 件。头戴卷云冠，冠前有珠饰额花，大耳，高鼻，下颚处胡须浓密。着交领宽袖袍服，下着裙裤，露两脚尖。腰系宽带，前垂大带，左胁佩长剑，双手捧物于胸前，惜物已缺失，双手下方挂有一印章，印章上刻有不可辨识的文字。胎色灰白。高 26 厘米（图二七）。

戴幞帽壮年吏俑　4 件。大小相同。头戴幞帽，着交领宽袖袍服，宽袖外露窄袖衣，下着裙裤，脚穿尖靴。腰系宽带，前垂大带，双手持物于胸前，惜物已缺失。灰白胎（图二八 ~ 三〇）。其中一俑帽后下方施有黑彩（图三一）。高 26 厘米。

戴高式巾帽吏俑　17 件。大小相同。服饰着装相同，脸上表情不一。头戴高式巾帽，帽左右两侧与后方连有高翘包边，身着圆领窄袖着地长袍，下露两脚尖，腰系宽带，左侧露带头，双手握于胸前。灰白胎（图三二 ~ 四六）。有的俑帽上施有黑彩（图四七、四八）。高 26 厘米。

图三二　戴高式巾帽吏俑

图三三　戴高式巾帽吏俑

图三四　戴高式巾帽吏俑

图三五　戴高式巾帽吏俑

图三六　戴高式巾帽吏俑

图三七　戴高式巾帽吏俑

图三八　戴高式巾帽吏俑

图三九　戴高式巾帽吏俑

图四〇　戴高式巾帽吏俑

图四一　戴高式巾帽吏俑

图四二　戴高式巾帽吏俑

图四三　戴高式巾帽吏俑

图四四　戴高式巾帽吏俑

图四五　戴高式巾帽吏俑

图四六　戴高式巾帽吏俑

图四七　戴高式巾帽吏俑

图四八　戴高式巾帽吏俑

戴幞帽吏俑　26 件。大小相同。服饰着装相同，脸上表情不一。头戴幞帽，前顶扎结，帽后有高高的山墙。身着圆领宽袖着地长袍，宽袖外露窄袖衣，下露两脚尖，胸前勒环弧状胸带，左侧露带头，双手握于腹前。灰白胎（图四九 ~ 六九）。帽上有的施有黑彩，其中两俑的帽前沿刻划有光芒四射的太阳形花纹（图七〇、七一），三俑帽前沿刻划有一至二道弧线纹（图七二 ~ 七四）。高 26 厘米。

十二生肖俑　9 件。大小相同。一俑头缺后

图四九　戴幞帽吏俑

图五〇　戴幞帽吏俑

图五一　戴幞帽吏俑

图五二　戴幞帽吏俑

图五三　戴幞帽吏俑

图五四　戴幞帽吏俑

图五五　戴幞帽吏俑

图五六　戴幞帽吏俑

图五八　戴幞帽吏俑

图五九　戴幞帽吏俑

图六〇　戴幞帽吏俑

图六一　戴幞帽吏俑

图五七　戴幞帽吏俑

图六二　戴幞帽吏俑

图六三　戴幞帽吏俑

图六四　戴幞帽吏俑

图六五　戴幞帽吏俑

图六六　戴幞帽吏俑

图六七　戴幞帽吏俑

图六八　戴幞帽吏俑

图六九　戴幞帽吏俑

图七〇　戴幞帽吏俑

图七一　戴幞帽吏俑

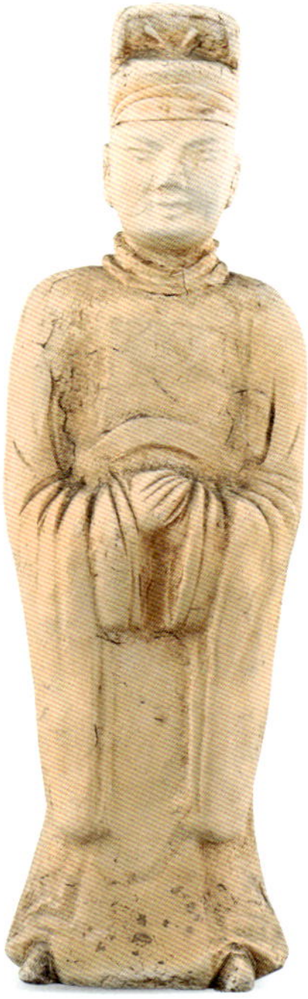

图七二　戴幞帽吏俑

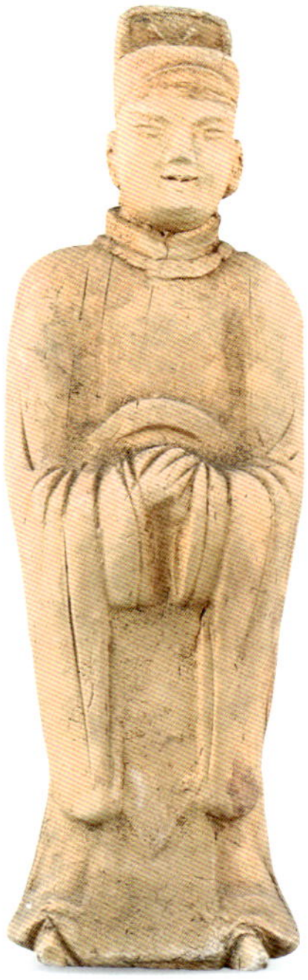

图七三　戴幞帽吏俑

图七四　戴幞帽吏俑

补。均为文臣形象。头戴卷云冠，冠顶塑形象模糊的生肖动物，难以辨识。着交领宽袖袍服，下穿裙裤，脚穿尖靴，腰系宽带，前垂大带，双手持物于胸前：一俑持笏，另8俑的手持物已缺失（图七五~八三）。有的生肖俑身上依稀可见曾施有红彩（图八三）。胎呈米白色，胎质粗松。高28厘米。

太阳星俑 1件。为文臣形象。头戴卷云冠，身着交领宽袖袍服，下穿裙裤，脚穿尖靴。腰系宽带，前垂大带，双手合捧扁圆星形器，一面刻划有云气纹，下有卷云座。身上依稀可见曾施有红彩，胎呈米白色，胎质粗松。高28厘

图七五　十二生肖俑

图七六　十二生肖俑

图七七　十二生肖俑

图七八　十二生肖俑

图七九　十二生肖俑

图八〇　十二生肖俑

图八一　十二生肖俑

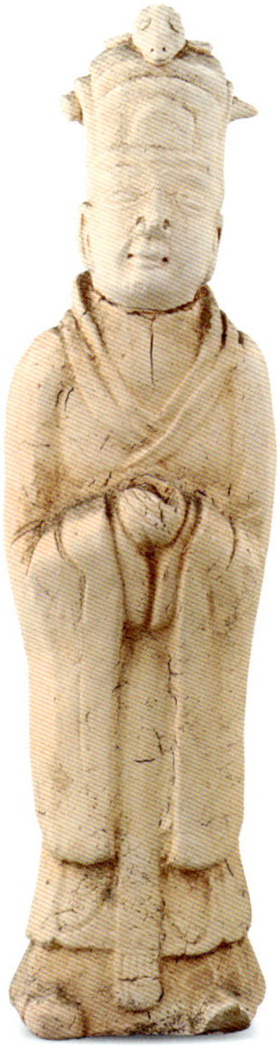

图八二　十二生肖俑

图八三　十二生肖俑

图八四　太阳星俑

米（图八四）。据《大汉原陵秘葬经》关于天子至庶人的神煞法的记载，均有置“太阳、太阴”两星神的描述，根据古代以左为阳的习俗，上述俑持星形器偏左，应为太阳星。按《秘葬经》的记载，墓中还应有太阴星，惜此墓中缺失，可能为人为盗扰或其他原因。

龙俑　1件。龙首人身。着圆领宽袖着地长袍，宽袖外露窄袖衣，下露两脚尖。胸前勒环弧状胸带，腰束带，左侧露带头，双手握于腹前。胎色灰白，胎质粗松。高28厘米（图八五）。

虎俑　1件。虎首人身，凸眉睁目，凹脸尖嘴。服饰与龙同，唯圆领内有衬领。胎色灰白，胎质粗松。高28厘米（图八六）。

龟俑　1件。龟首人身，颈、额间有伸屈皱纹。服饰、胎质与虎同。高28厘米（图八七）。

雀俑　1件。雀首人身，尖雀嘴，嘴沿有一圈绒毛。服饰、胎质与虎同。高28厘米（图八八）。

鼠俑　1件。鼠首人身，尖嘴圆耳，一耳残。着圆领窄袖着地长袍，圆领内有衬领。腰束带，左侧露带头，下露两脚尖，双手握于腹前。底部有依稀可见的墨书“耗”字。胎色灰白，胎质粗松。高28厘米（图八九、九〇）。

鹿俑　1件。鹿首人身，圆目尖长嘴，一耳残。服饰、胎质与鼠同。高28厘米（图九一）。

鳖俑　1件。鳖首人身。昂首伸颈，圆目扁长嘴，颈、额间有伸屈皱纹。着圆领宽袖着地长袍，圆领内有衬领，宽袖外露窄袖衣，下露两脚

图八五　龙　俑

图八六　虎　俑

图八七　龟　俑

图八八　雀　俑

尖。胸前勒环弧状胸带，腰束带，左侧露带头，双手握于腹前。胎色灰白，胎质粗松。高 28 厘米（图九二）。

兽头俑 1 件。兽首人身。凸眉深目，凹脸尖嘴，头顶有两小尖角。服饰、胎质与鳖同。高 28 厘米（图九三）。

此墓出土青白釉瓷器较多，从青白釉堆塑龙虎纹瓶的弦纹地长颈，盘、碟、碗、盏的六缺形花口，碗、盏的高足与菊瓣形制及其胎白和釉色青白泛白等方面，与南丰窑（也称白舍窑）器白舍白瓷的风格极其相似；加上此墓与南丰窑同属南丰县境内，北宋晚期也正是白舍窑的兴盛时期，就近取材，合情合理，因此该墓出土的青白釉瓷应为南丰窑产品。

图八九　鼠俑底部

图九〇　鼠　俑

图九一 鹿 俑

图九二 鳖 俑

墓中出土明器神煞上百件。墓主应有一定的身份。除男女墓主人俑为素瓷胎烧结紧实、瓷化良好外，余皆为素陶胎，大部分胎质松脆，应是置放在较次的窑位中烧制的，或因它们只是作为明器而不是实用、窑家作为附带烧造的缘故。这批俑胎质细白，它们与本县的白舍窑器物极相类似，所以这批俑也应是白舍窑产品。

南丰窑地处江西省南丰县白舍镇，故名白舍窑，又因处南丰县境内，以县名称南丰窑。白舍窑兴起于北宋，盛于南宋，至元代初期趋于衰落，至今已有一千多年的历史。品种以青白瓷为主，兼烧青灰釉和黑釉瓷，偶见彩绘瓷。青白瓷造型、釉色与景德镇窑青白瓷产品大体相同，胎釉细腻，制作精巧，有着“瓷中之玉”的美称。产品吸取了唐代金银器制作技法，比如较多的器物呈葵口，即在口沿做成五或六个小缺口。种类多为日常生活用品，不仅销往国内市场，还远销日本、东南亚等地区，元代蒋祁《陶纪略》一书中记载：“谓与景德镇竞争者有白舍窑也。”

（唐山执笔，原载文物编辑委员会编《中国古代窑址调查发掘报告集》，文物出版社，1984 年）

图九三　兽头俑

铜鼓县
北宋政和八年墓

1987 年 10 月，铜鼓县古桥乡村民建房时发现一座古墓葬，秋收起义铜鼓纪念馆立即组织专业人员进行了抢救性清理。古桥乡位于铜鼓县东北 30 公里，墓葬坐落在离乡政府不到 1 公里远的徐家大屋背花园土坎上。西、北两面为高山，东、南两面是秋田村。墓向坐南朝北，北端墓顶距地表最厚处为 1.8 米，在 1.6 米处覆盖了一层花岗石板。墓为双穴拱顶石室，长 3.1、宽 2.78 米。两室相距 0.63 米。男西女东，大小形状相同，均为长方形。每室内长 2.92、宽 0. 87、高 1 米，用条石板和拱形石压缝平砌，墓壁第 1~5 层为大小不等的条石板，第 6 层墓顶为拱形石，每轮 7 块，共 21 块。拱形石上弧线长 51、下凹线长 40、宽 39、厚 16 厘米。墓底用条石直铺平砌，前后墓门用 3 块石板拼成，上为半圆形，下为方形（图一）。两室内棺木和尸骸腐朽，男室尚存一块头骨。出土有瓷器、铜器、铁器、砚、墓志等。现将出土器物分述于后。

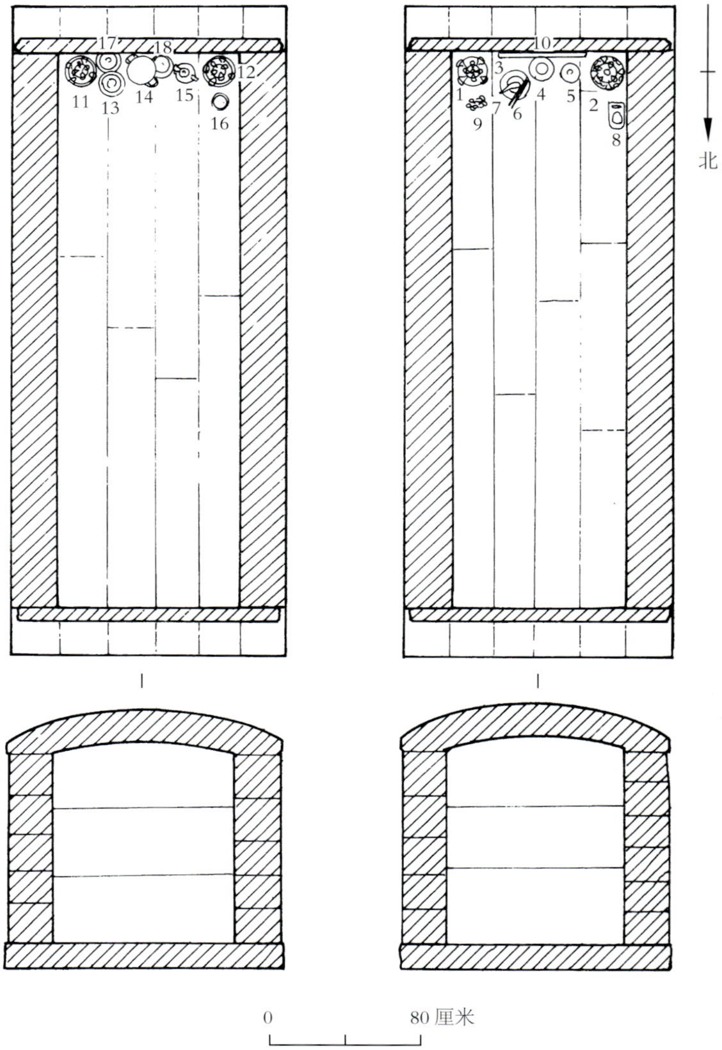

图一　墓葬平、剖面图

1、2. 黑釉堆塑人禽纹瓶　3. 酱褐釉葵口折腰盘　4. 酱褐釉葵口碗　5. 青白釉托盏　6. 铜箸　7. 铜匙　8. 石砚　9. 铜钱　10. 墓志　11、12. 黄褐釉堆塑人禽纹瓶　13. 青白釉斗笠碗　14. 铁锅　15. 铁执壶　16. 铜镜　17. 青白釉高足碗　18. 青白釉盏

一 男室

黑釉堆塑人禽纹瓶 2件。形制大小相同。放于男墓主头部两侧。瓶侈口，厚唇，短颈，弧肩，鼓腹，下腹内收，平底稍内凹。颈部有两层堆塑，上层塑有四个翘角，下层一周凸棱上塑人禽堆塑纹。腹上部有四层齿状堆塑纹饰。盖呈宝塔形，分三层，一至二层各塑有四个翘角，盖顶部塑有四翘角和一组人禽堆塑纹，盖壁上刻划有菱形格纹。施黑釉，釉不及底，胫部至底及盖内露胎，胎呈灰黑色。口径13.6、底径11、通高45厘米（图二、三：1）。

酱褐釉葵口折腰盘 1件。葵口，口沿外敞，折腹，大内底中部下凹，圈足外撇。施酱褐釉，釉色晶亮，圈足足端露胎，胎呈灰色。盘体轻重适中，敲之声音沙哑。口径17.3、底径5.7、高4厘米（图三：2、四）。

酱褐釉葵口碗 1件。敞口，斜弧腹，圈足。施酱褐釉，釉色晶亮，圈足足端露胎，胎呈灰色。胎薄体轻，造型别致。口径16.7、底径5.2、高5厘米（图三：5、五）。

青白釉托盏 1套。放于男墓主头顶部，两堆塑瓶之间，稍有残破。托宽折沿，三台阶式折腹，宽高圈足外撇，内底置一覆扣式小盅，盅与托相黏不能移动，盅的圈足正好承接盏。盏平口，深弧腹，外撇小圈足。施青白釉，釉色泛白，胎质洁白细腻。托口沿外径14、底径9.2、高8厘米，盏口径8.7、底径4、高6.2厘米，通高14.2厘米（图三：9、六）。

图二 黑釉堆塑人禽纹瓶

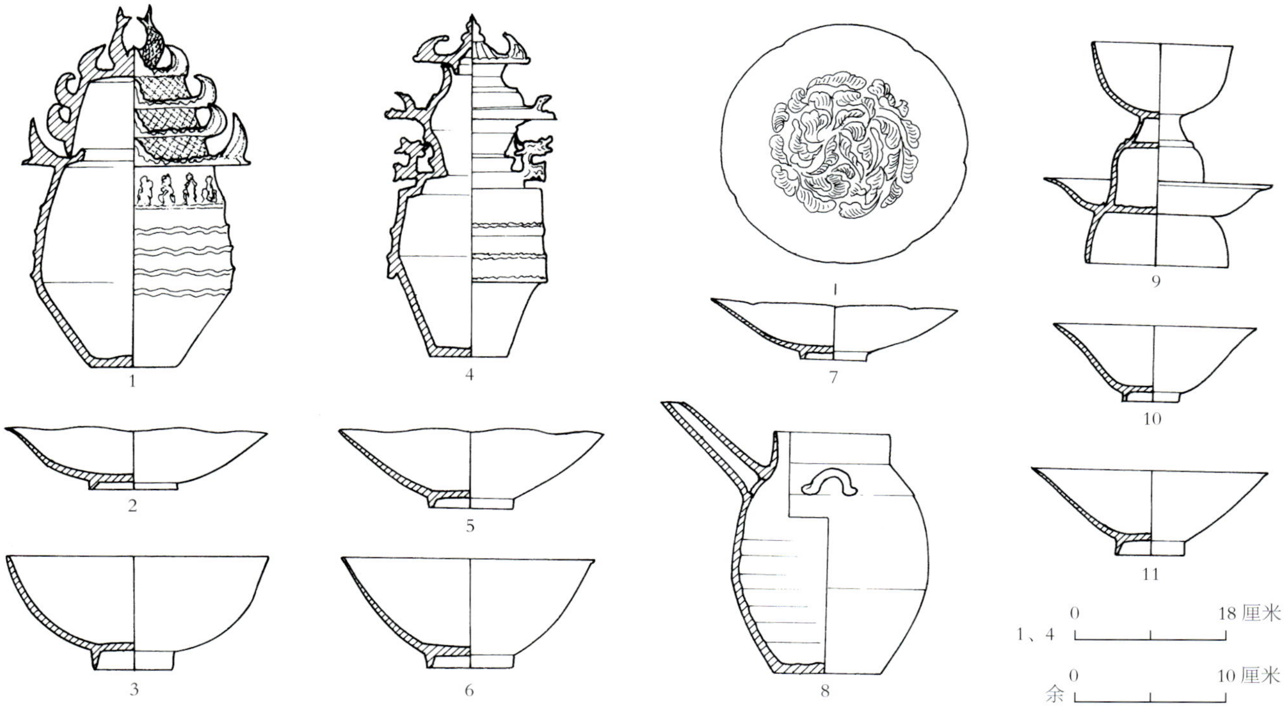

图三　出土器物

1. 黑釉堆塑人禽纹瓶　2. 酱褐釉葵口折腰盘　3. 青白釉唇口碗　4. 黄褐釉堆塑人禽纹瓶　5. 酱褐釉葵口碗　6. 青白釉高足碗　7. 青白釉葵口盘　8. 铁执壶　9. 青白釉托盏　10、11. 青白釉斗笠碗

青白釉葵口盘　1件。放于男墓主头顶部，里放托盏，口沿破。六缺葵口，薄唇，六瓣浅弧腹，圈足。盘心有篦划花纹。施青白釉，胎质洁白细腻。口径15、底径4.5、高3.5厘米（图三：7）。

铜箸　1双。放于酱褐釉六缺葵口折腰盘内，部分锈损。分别长11、15厘米，直径0.45厘米。

铜匙　1件。放在酱褐釉六缺葵口折腰盘内。铜匙完整，布满铜锈。柄长17.5、匙部长5.5、匙宽2.2厘米。

抄手砚　1方。完整，长方形，底部镂空呈抄手式。长12.5、宽8、厚2.7厘米。

铜钱　16枚。锈蚀严重。

铁钉　4枚。

墓志　1方。立放于男室头部。青石质，凸形首。宽49、高74厘米。额题“故荣公墓志铭”，楷书，1行。铭文楷书，阴文竖刻。16行，满行29字。录文如下。

龙城陈延之撰，金华刘信□书。

公讳询，其先歙州婺源人。五代之季，挈居豫章分宁纯秀里。曾祖讳圜，祖讳布，父讳远。贫无资产，公独卓立，□□□家，遂积膏腴。十百有畸，治家均一，内外无怨，淴操心仁爱。□□忠副人之急，远近咸仰赖焉。凡道途巇崄，

图四　酱褐釉葵口折腰盘

图五　酱褐釉葵口碗

图六　青白釉托盏

图七　黄褐釉堆塑人禽纹瓶

桥梁圮坏，即从□□□，由是行者无登陟之劳，济者无病涉之患。其智略运筹□□，广大举措，不在人下。乡里有莫公居士，知其吉直，丘园巨万，悉示□之居士，每谕其子弟，曰："异日，切不可忘此人。"厥后，收敛出入，经岁更不会□。至于公私纤细，率皆取任。今夫口诵典读，躬行仁义者尚不能□□□人，则公之所养，诚可嘉矣。惜乎！善人不与上寿，岂非修短有命。□□，公了悟死生之理，棺椁衣衾预为之备。皇宋政和七年丁酉二月廿五日终于家，享年六十有八。娶阮氏，子四人，长友授，次友全，次友文，早亡，幼友拨。女二人，长适卢友靖，次适姜彦庸。孙男十人，孙女四人。八年九月初六日葬于所居之侧黄象之源。子友授知予熟公之为人，请叙其始末。乃志而铭曰：成乎身，立乎志。惠则修，□□□。后相□，□□子。

二　女室

黄褐釉堆塑人禽纹瓶　2件。放于女墓主头部，内装稻谷，现剩谷壳。罐形口，凸唇，喇叭形颈，直腹，斜胫下收，平底。罐形口底部一周宽凸棱上及颈部堆塑人禽纹饰，肩部为栅栏式栏杆，腹部匀称塑有三道凸绳纹。子口碟形盖，盖沿匀称塑有四个翘角，尖顶纽。施黄褐釉，釉不及底，灰黑色胎。口径5.4、底径10、通高42.6厘米（图三：4、七）。

青白釉唇口碗　4件。放于女墓主头顶部、

图八　青白釉唇口碗

图九　青白釉斗笠碗

两堆塑瓶之间，上置铁锅。平口，凸唇，弧腹，外撇圈足。碗心微凹，外壁旋轮纹拉坯痕明显。施青白釉，釉色泛白，有冰裂纹开片，胫部至足露胎，胎呈白色。质地粗糙。口径 17.5、底径 5.5、高 7.8 厘米（图三：3、八）。

青白釉高足碗　1 件。敞口，圆唇，高圈足。施青白釉，胎呈白色，质地粗糙。口径 17、底径 5.5、高 7.5 厘米（图三：6）。

青白釉斗笠碗　2 件。形状相同，一大一小。敞口，薄唇，斜弧腹，高圈足。全器光素无纹，内底小而微凹，外腹下部近足处放射状跳刀痕明显。施青白釉，釉质晶莹，圈足内露胎，胎质洁白细腻（图九）。大者口径 14、底径 4、高 5.5 厘米（图三：11），小者口径 12、底径 3.5、高 5 厘米（图三：10）。

铁执壶　1 件。直颈，弧肩，弧腹，平底。执手锈蚀，斜直流，流口高于壶口。口径 7.5、底径 7、通高 19 厘米（图三：8）。

双耳三足铁锅　1 件。置于倒扣的青白釉高足碗之上，三足锈落一只。口径 21.7、高 15.5 厘米。

八连弧铜镜　1 件。有纽，系有铁丝。直径 12 厘米。

铁钉　4 枚。锈蚀严重。

铁刀　1 件。已残。

墓主荣询，今江西修水县人，卒于北宋政和七年（1117 年），享年 68 岁，葬于北宋政和八年（1118 年）。墓志所载豫章分宁纯秀里，位于今江西修水县境内。

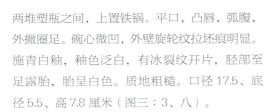

（王虹光、王现国执笔，原载《江西文物》1989 年第 3 期）

瑞昌市
北宋宣和六年墓

20 世纪 80 年代，瑞昌县（今瑞昌市）农民在建房时发现宋墓一座。墓葬位于瑞昌县范镇乡范镇村梅家垅蔡家后山，墓口距地表 0.6 米，长 2.85、宽 2、深 1.6 米，方向 180°。该墓为土坑墓，墓葬遭到破坏，墓葬中的棺木和骨架无存。出土器物计有青白釉罐 1 件，青白釉碟 2 件，青釉碗 1 件，黑釉盏 2 件，褐釉陶罐 1 件，八卦镜 1 件，铜钱 13 枚，棺钉 23 枚，地券 1 方。

青白釉刻划弦纹罐　1 件。敞口，直颈，斜折肩，弧腹下收，小平底。外口沿下及上腹部各饰一周凹弦纹。器内外施青白釉，釉薄且匀，晶莹透明。小平底露胎，胎质洁白细腻。口径 9. 4、底径 3.9、高 9 厘米（图一）。

青白釉载字款刻划花瓣纹碟　1 件。平口，弧腹，矮圈足。内底刻划四片花瓣纹，外底墨书楷书“载”字。施青白釉，圈足内露胎，胎质洁白细腻。口径 12、底径 4.4、高 2.4 厘米（图二）。

青白釉正臣款刻划花瓣纹碟　1 件。形制、大小与上述碟相同。外底墨书行书“正臣”两字（图三）。

青釉碗　1 件。口微敛，弧腹，圈足。施青釉，内满外不及底。胫部至底露胎，胎呈灰色。口径 14.2、底径 6.3、高 6 厘米（图四）。

图一　青白釉刻划弦纹罐

图二　青白釉载字款刻划花瓣纹碟

图三　青白釉正臣款刻划花瓣纹碟

图四　青釉碗

图五　黑釉盏

黑釉盏　2件。形制、大小相同。敞口，斜直腹下收，圈足。施黑釉外不及底，胫部至底露胎。口径11、底径3、高5厘米（图五）。

褐釉陶四系罐　1件。平口，凸唇，直颈，溜肩，鼓腹，平底。肩部匀称置有四环形系。施褐釉，陶胎。口径8.3、底径8、高25.5厘米（图六）。

八卦连珠纹葵花形铜镜　1件。八瓣葵花形，小纽，镜背面边缘凸起。纹饰分三区，以点状连珠纹和双弦纹相隔，外区四朵花卉纹和八折枝卷枝纹相间分置在葵花瓣内，中区饰八卦纹，内区围绕小纽为菊花纹。镜面有绿斑。直径12.4厘米（图七）。

铜钱　13枚。计北宋太宗宋元通宝1枚，真宗景德元宝1枚，仁宗景祐元宝1枚、皇宋通宝2枚，神宗熙宁元宝2枚、元丰通宝1枚，哲宗元祐通宝1枚，徽宗圣宗元宝1枚、政和通宝3枚。

图六　褐釉陶四系罐

图七　八卦连珠纹葵花形铜镜

图八 地 券

地券 1方。青石质，长方形。额部刻“故何毅地券”五字。券文楷书由右至左，由单竖线分为16行。残宽34、高38厘米（图八）。卷文如下。

维皇宋宣和六年岁次□□□□□□□□□□□□□」六十初七日乙□死至十三□□□□□□□□□□□□」冲□□□极肇□□□□二人居□□□□」□□□既禀造化而生亦□□□□而死爰迁此地」式合元龟卜筮□□阴阳□□□归如顾山朝」若□临坟坐旦□□□□□□□玄武位于南北」青龙白虎列□□□□□□□□□十八宿照临下按」八山三十八将□□□□□□□□□孤鬼逍遥庆及」昌时□□赤□□□□□□□□□□□并及凶妖造尔□」□□□□□□□□□□□□□□永世无穷急」太上老君急急如律令」敕

由于地券已残，字迹不清，仅知墓主为何毅，卒于北宋宣和六年（1124年）。

（刘礼纯执笔，原载《考古》1992年第4期）

婺源县北宋靖康二年墓

1981年，婺源县博物馆清理了北宋乐平知县汪路夫妇合葬墓。墓葬为砖室合葬，位于太白公社临河村东，为社员平整路基时发现。清理前，汪路墓室已遭破坏，出土器物仅存3件。其妻张氏附葬于汪路墓的右侧，早年被盗，殉葬器物仅存21件。

一　汪路墓出土器物

青白釉刻划折枝莲纹葵口折腰盘　1件。六缺葵口外敞，折腰，圈足微内敛，内有垫饼支烧痕迹。盘内壁刻划三把莲图案，纹饰优美，线条流畅。施青白釉，釉色微泛黄，胎质洁白细腻。口径16.8、底径5.2、高3.9厘米（图一）。

素胎刻划弦纹盖罐　1件。平口，直颈，丰肩，弧腹，圈足。肩部堆塑锯齿状凸棱一周，腹部满刻饰斜线弦纹。盖呈锥顶帽状，子口，盖沿上卷。除盖顶部略施青白釉和腹部有一小块青白釉外，整个器物素胎无釉，胎白而粗。这种造型和装饰的明器不多见。口径8、底径9.6、通高22厘米（图二）。

墓志　1方。石刻楷书。11行，满行20字。宽58、高69厘米。志文如下。

宋承议郎赐绯鱼袋汪公埋文

公讳路，字彦由，歙婺源人。曾祖丕，祖惟良，晦迹不仕。父叔渐，累赠奉议郎。母胡氏，继母刘氏，赠孺人，皆以公贵也。娶万氏，再娶张氏，并为孺人。男五人，女二人。公绍圣四年擢进士第。政和八年九月十五日，坐逝家寝，享年七十一。诸孤以宣和二年十二月六日，葬公于新定里临河。朝奉大夫、直秘阁、知信州王愈为墓志铭，立碑飨堂之左。惟公学行政事，与历任始末，具载志文，此不复书。谨以铭诗，寘诸圹，用纪岁月。其铭曰：

其积之厚，其造之深。其守也固，其政也循。呜呼公乎，为君子人。

朝奉大夫致仕赐绯鱼袋万如石书。

墓主汪路，字彦由，江西婺源人，北宋绍圣四年（1097年）进士，崇宁四年（1105年）任乐平知县。卒于北宋政和八年（1118年），享年71岁，葬于北宋宣和二年（1120年）。清光绪《婺源县志》卷一五《科举》载，“汪路，石田人”（今婺源县太白镇王村）。夹行小注转引《乐平县志·流寓》云：“汪路，字希哲，婺源石田人。绍圣丁丑（四年）进士，崇宁四年以通仕郎知乐平，卒于官，其子孙因家邑之永丰乡，箕裘亦不乏人，子杞、利、往。”此文献记汪路字希哲，而今出土志文则记汪路字彦由。撰书者万如石，据光绪《江西通志》

图一　青白釉刻划折枝莲纹葵口折腰盘

图二　素胎刻划弦纹盖罐

卷二一、同治《德兴县志》卷七载：万如石为江西德兴县二十二都人，元丰五年（1082年）进士。授知邵武军、处州，官为通议大夫。今出土志文见其宣和初自署为“朝奉大夫致仕赐绯鱼袋”。

汪路官阶承议郎，为文散官名，隋始置，唐为文官第十五阶，正六品下。宋元丰改制用以代左右正言、太常博士、国子博士，后定为第二十三阶，金、元均不置。

赐绯鱼袋是指皇帝赐给佩鱼符袋和绯色的官服（也就是红色官服）。绯鱼袋指绯衣与鱼符袋。官服分颜色从唐朝开始：三品以上紫袍，佩金鱼袋；五品以上绯袍，佩银鱼袋；六品以下绿袍，无鱼袋。官吏有职务高而品级低的，仍按照原品服色。如任宰相而不到三品的，其官衔中必带“赐紫金鱼袋”字样。

二　汪路妻张氏墓出土器物

青白釉刻划鸾凤纹碗　2件。敞口，口沿微外撇，弧腹，高圈足微内敛。碗内底刻饰鸾凤纹，内壁饰四组云鸾图，两两相对，形象生动，纹饰精美流畅。施青白釉，有冰裂纹开片，釉质晶莹，淡雅宜人，圈足积釉处呈湖水绿色。圈足内有垫饼垫烧痕，胎质洁白细腻。口径16.8、底径6、高7.2厘米（图三）。

青白釉刻划牡丹纹葵口折腰盘　3件。形状相同。葵口外敞，折腰，内底平坦，圈足微内敛。六葵口下内壁六出筋，内底刻划团花牡丹。施青白釉，有冰裂纹开片，釉质匀

图三　青白釉刻划鸾凤纹碗

图四　青白釉刻划牡丹纹葵口折腰盘

净，积釉处呈湖水绿色。圈足内有垫饼垫烧痕，胎质洁白细腻。造型规整秀丽。分别口径 15、底径 4.7、高 5.4 厘米，口径 15、底径 4.8、高 3.9 厘米，口径 15.2、底径 3.6、高 3.9 厘米（图四）。

青白釉刻划菊瓣纹芒口汤瓯　1 件。芒口，弧腹，平底。外口沿下有两周凹弦纹，外壁刻划菊瓣纹，刀法简练。施青白釉，釉质晶莹，芒口处扣银依稀可见，胎质洁白细腻。口径 10.1、高 5.9 厘米（图五）。

图五　青白釉刻划菊瓣纹芒口汤瓯

图六　青白釉葵口小碟

图七　青白釉篦划花卉纹碟

青白釉葵口小碟　2件。葵口，微折沿，弧腹，平底。全器光素无纹，施青白釉，釉质光润莹亮，一件有冰裂纹开片。平底处有垫饼垫烧痕，胎质洁白细腻。分别口径 8.2、底径 3.6、高 1.6 厘米，口径 10.6、底径 4.6、高 2.8 厘米（图六）。

青白釉篦划花卉纹碟　1件。平口，弧腹，浅圈足。器内有篦划花卉纹。施青白釉，釉色青白偏灰。圈足内有垫饼垫烧痕，胎质洁白细腻。口径 11.6、底径 4.5、高 2.4 厘米（图七）。

青白釉篦划菊纹斗笠碗　1件。斗笠形。敞

图八　青白釉篦划菊纹斗笠碗

口，斜直壁下收，圈足微内敛。内壁有篦划菊纹。施青白釉，釉色微发黄。圈足内露胎，胎呈白色。器身秀丽挺拔。宋代此类斗笠碗，多为饮茶器具。口径 14.1、底径 3.4、高 5.4 厘米（图八）。

青白釉条纹小罐　1 件。敛口，短颈，丰肩，鼓腹，矮圈足，最大径在肩部。外壁满饰直条纹。施青白釉，釉质滋润，积釉处呈湖水绿色。圈足内有垫饼垫烧痕，口沿、圈足露胎，胎质洁白细腻。此类青白釉小罐，为妇女化妆或作水盂用。口径 4.7、底径 3.8、高 4.5 厘米（图九）。

青白釉菊瓣纹盒　1 件。盒呈扁圆形。子母口，盖面扁平微凸，直腹壁，平底微内凹。腹满饰菊瓣纹。施青白釉不到底，釉色青润淡雅。盖内、子母口处、胫至底露胎，胎质洁白细腻。造型精巧别致。口径 4.7、通高 3.2 厘米（图一〇）。

青白釉小盏　1 件。唇口，平底。施青白釉，釉色青白泛灰，有细碎冰裂纹开片。底部有垫饼垫烧痕，胎呈白色。出自墓内壁龛。口径 8. 4、高 2. 2 厘米。

图九　青白釉条纹小罐

图一〇　青白釉菊瓣纹盒

图一一　褐釉盏

褐釉盏　4 件。敞口，弧腹，饼足。器内外旋轮纹拉坯痕明显，三碗内底有四个较长的泥条支烧痕。施褐釉不到底，外壁可见流釉痕迹。胫部至底露胎，胎呈灰白色。置于墓内壁龛。口径 10、底径 4.1、高 3 厘米（图一一）。

建窑黑釉盏　1 件。敞口，斜壁，圈足。施黑釉不到底，有流釉现象，口沿釉薄呈褐色。胫部至底露胎，胎呈灰黑色。一种典型的斗茶用具，为福建建窑烧造。口径 12.5、底径 4、高 5 厘米（图一二）。

黑釉黄斑盘口瓶　1 件。盘口，细长颈，丰肩，浑圆腹，圈足。施黑釉，釉黑如漆，釉上稀疏点施黄斑，圈足无釉露灰白色胎。器物朴实、厚重，造型独特。口径 10、底径 6.4、高 16.3

图一二　建窑黑釉盏

图一三　黑釉黄斑盘口瓶

厘米（图一三）。

铜镜　1 件。六瓣葵花状，背面光素无纹。

墓志　1 方。正方形，龙尾歙砚石质。楷书。11 行，满行 20 字。边长 80 厘米。志文如下。

故承议郎孺人张氏埋文

承议郎汪公讳路捐馆舍后八年，孺人张氏亦以寿终，实宣和七年冬十月四日也，享年六十有七。男五人，女二人。靖康二年春二月二十二日，即承议公墓合葬。先是，其孤以行实丐铭于名世能文者，日月协期而铭未至，姑叙次大致，刻石于圹。张巨姓也，自上世丰财而知教，迄今族系为婺源望。孺人早孤，祖母寿安君钟爱之，尝曰："吾阖门千数百指，无如是女贤。"为择所宜归，得承议公。内助有闻，三遇恩封，人谓积善蒙报。呜呼！淑质懿范，宜有铭。它日植碑绘堂，垂示永久，此不悉载。

奉议郎知临江军新喻县叶极书。

墓主张氏，江西婺源人，为承议郎汪路之妻。卒于北宋宣和七年（1125 年），享年 67 岁，比汪路晚死七年，于北宋靖康二年（1127 年）与其夫汪路合葬。撰书者叶极，江西德兴人，北宋政和二年（1112 年）进士，靖康年间官为奉议郎、知临江军新喻（今新余）县，官至大理寺丞。

（詹永萱、詹祥生执笔，原载《中国陶瓷》1982 年第 7 期）

上饶市郊
南宋建炎四年墓

1956 年 9 月，上饶市郊茶山寺某茶厂在基建工程中发现宋墓一座。该墓出土文物甚多，计有青白釉小盒 1 件，青白釉小熏炉 1 件，玉带板 9 件，玉系璧 1 件，水晶球 1 件，圆雕水晶狮形佩 1 件，水晶璧 1 件，水晶串饰 1 件，圆饼形水晶佩饰 1 件，绿隐狮形玻璃佩 1 件，银碗 2 件，墓志 1 方，此外还有少许铜钱及 2 件破铜杂器。

青白釉菊瓣纹小盒　1 件。盒呈菊瓣形。盖、身各半，子母口，盖面平，盖腹与盒腹饰菊瓣纹，平底。施青白釉，釉质纯正莹亮。盖内、子母口处、外底露胎，胎质洁白细腻。器形小巧精致。口径 2.4、底径 2.4、通高 2.3 厘米（图一）。

青白釉镂空牡丹纹小熏炉　1 件。子母口，直壁，平底，下设三个外撇“丁”字形足。盖呈半圆形，盖面镂空成缠枝牡丹纹，炉壁饰双重仰莲瓣纹。施青白釉，釉质莹润，积釉处呈湖水绿色，胎质洁白细腻。熏炉也称香熏，属卫生用具。此炉设计新颖，制作精巧。口径 4.2、底径 4.9、通高 6.5 厘米（图二）。

浮雕人物纹白玉带板　一套 9 件。砣尾 1 件，长 10、宽 5、厚 0.7 厘米；长方形带板 7 件，长 5.2、宽 4.6、厚 0.7 厘米。玉板正面剔地浮雕身着大袖宽袍的儒者打扮人物，7 件长方形带板上的人物为坐姿，砣尾上的人物为站姿（图三、四）。花

图一　青白釉菊瓣纹小盒

图二　青白釉镂空牡丹纹小熏炉

图三　浮雕人物纹白玉带板

图四　浮雕人物纹白玉带板铊尾

图五　花形白玉带板

图六　玉系璧

图七　水晶球

形带板 1 件，莲花如意形，沿外边琢一周阴刻线，中有一直径为 0.8 厘米的孔，沿中孔有一周阴刻线，背部有三鼻穿。长 2.7、宽 3.1 厘米（图五）。

玉系璧　1 件。灰白色，有褐斑。素面无纹，沿外围、内孔各有一周阴刻线，其中一面在两周阴刻线之间平坦下凹而使得内外边沿成浮雕高凸。内孔为一面钻，在扎手的边沿修磨了一圈。直径 8.8、孔径 3.6、厚 0.3 厘米（图六）。

水晶球　1 件。圆球形，素面无纹，光洁明亮，无色无孔。直径 3.5 厘米（图七）。

圆雕水晶狮形佩　1 件。水晶质，茶色。伏卧式，头向左侧，平视前方，尾甩于左后腿边。阔嘴，高鼻，长耳前披。肌肉丰满，腰身滚圆，周身阴刻线细而不乱。腹背对穿一孔，以系佩挂。长 4.5 厘米（图八）。

水晶璧　1 件。两面光素，内孔作三斜面削切而使横切面呈梯形。外径 5.9、内径 1.9、厚 0.9 厘米（图九）。

水晶串饰　1 件。有水晶珠 64 粒、水晶小环 2 个、玛瑙珠 1 粒、青玉鱼形坠 1 个。青玉鱼形坠，随形而制，阳纹眼，有很规则的斜方格纹鳞（图一〇）。

圆饼形水晶佩饰　1 件。佩饰为扁圆形，饼状，素面无纹，顺直径方向有一穿，以示穿挂之用。直径 3.2 厘米（图一一）。

绿隐狮形玻璃佩　1 件。青白色。写意圆雕一回首卧狮，两前腿趴伏，昂首右回，尾巴靠于右后腿下。两眼圆凸，鼻子长伸，一粗阴刻线表示嘴。背中有一通天穿。长 2.3、高 1 厘米（图一二）。

图八　圆雕水晶狮形佩

图九　水晶璧

图一〇　水晶串饰

图一一　圆饼形水晶佩饰

图一二　绿隐狮形玻璃佩

墓志　1方。楷书，志文如下。

大宋皇叔祖故明州观察使讳仲谭，字公礼，享年六十八岁，于建炎四年十一月二十四日薨于信州上饶县龚氏之宅。是年十二月四日，权殡于此。妻硕人焦氏，女二恭人、六恭人，孙女康族姬，长男新妇焦氏，共志。侄男士觇书。侄男士珽立。

墓主赵仲谭，字公礼，赵宋宗室，为宋高宗叔祖，属镇王赵元偓房。卒于南宋建炎四年（1130年）十一月，享年68岁，同年十二月下葬。《宋史》卷二三三《宗室世系表》记："崇国公仲谭"，子"从义郎士忞"，侄"赠武节郎士珽"、"武翼郎士觇"。今志文正载有士珽、士觇名，但不列子士忞名。

根据出土志文，赵仲谭曾出任明州观察使。唐宋元时期，宁波称"明州"，是中国最古老的港口之一，是东方"海上丝绸之路"的始发港，也是"海上陶瓷之路"的始发港。观察使为唐代后期出现的地方军政长官，全称为观察处置使。宋于诸州置观察使，无职掌，无定员，亦不驻本州，仅为武臣准备升迁之寄禄官，系虚衔。

（陈柏泉执笔，原载《文物》1964年第2期）

瑞昌市 南宋绍兴三年墓 与景定二年墓

1987年3月，瑞昌县（今瑞昌市）武蛟乡金凤村农民李俊湖在自留地栽树时发现宋墓一座。同年3月，横港乡繁荣村下南湾中学教师范先棠在建房挖墙基时也发现宋墓一座。瑞昌县博物馆收藏了两座墓的出土文物，并调查了其出土情况。现分别介绍如下。

一　绍兴三年墓

墓葬位于横港乡下南湾黄土埂上，墓室距地表1.5米，方向20°，系长方形砖室墓。因墓室被破坏，故无法了解墓葬形制。死者骨架无存，葬式不明。

青白釉盘口瓶　1件。盘口，短颈，鼓腹，圈足。通体施青白釉，釉色微泛黄。口径7.1、底径7.5、高22.1厘米（图一）。

青白釉敞口执壶　1件。喇叭口，束颈，球腹，圈足。肩部有一长流、一把手，把手上刻弦纹三道，底部墨书两字，字迹模糊。通体施玻璃质釉，透明感强。口径4.5、底径6.3、高9.9厘米（图二）。

青黄釉唇口陶罐　1件。唇沿外翻，弧腹，圈足。通体施青黄釉。口径9.7、底径5.7、高7.7厘米（图三）。

铜勺　1件。已残。

铜钱　数枚。因腐蚀严重，字迹不清。

刘三十八郎地券　1方。青石质，双线边缘，中间由竖线分为10行，每行分别为23～28字，铭文自右向左，字迹欠规整。宽33、高32厘米（图四）。券文如下。

图一　青白釉盘口瓶

图二　青白釉敞口执壶

图三　青黄釉唇口陶罐

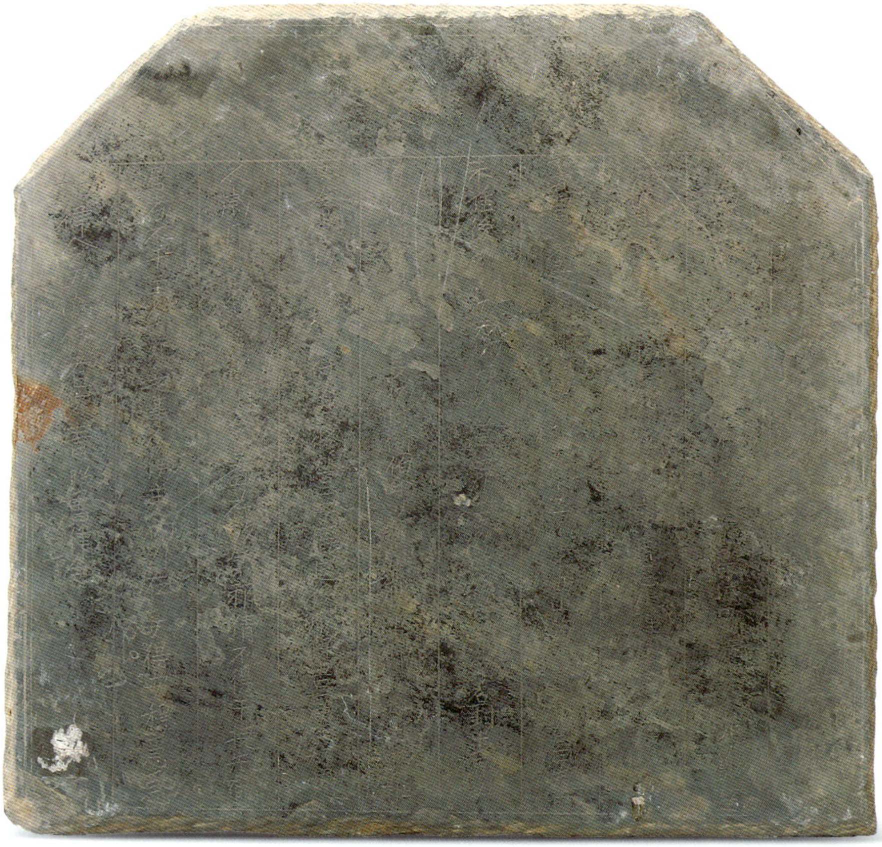

图四　刘三十八郎地券

图五　青白釉剔花月梅纹罐

维宋绍兴三年岁次癸丑十一月朔二十一日壬申，江州瑞昌县清盆乡上泉港南保，殁故亡人刘三十八郎，墓在此山岗，一生居城邑，死安宅兆。龟筮协从，其地袭吉，宜于本乡里社山岗安厝宅兆。谨用钱九万九千九百九十九贯文，五色彩杂信，买地三十六亩。东止千，西止百，左青龙，右白虎，前朱雀，后玄武。内方勾陈，外掌四域。丘丞墓伯，塚中二千石，封步界畔。道路将军，墓门停长，收付何伯。今以牲牢礼币甘针食百味香杂，共为信契。财地交付，工匠修营。安厝已后，永保吉昌化。知见人：岁月主者。保人：将军今日直符。故气邪精，不得干扰。先有居者，不干主人内外之事。今使主人，内外存亡得安稳。急急如律令。五帝使者，女青昭书律令。

二　景定二年墓

墓葬位于武蛟乡李洋湖，墓室距地表 0.7 米，墓葬坐西北朝东南，系长方形土坑竖穴墓。墓顶部平盖 3 块 120 厘米见方的正方形青石板。调查中发现坑内有遗留下来的红漆块，估计为棺木上脱落。死者尸骨无存，葬式不明。

青白釉剔花月梅纹罐　1 件。直口，短颈，鼓腹，假圈足稍凹。薄胎，质细润。外腹剔花折枝梅花一枝，枝梢旁缀月亮纹。通体施青白釉，釉色闪黄，开细片。外底部露土红色素胎。口径 8、底径 6.7、高 6.6 厘米（图五）。

图六　青白釉盒底

图七　青白釉荷叶盖

图八　青白釉剔花月梅纹盒盖

青白釉盒底　1 件。口微敛，沿稍凹，弧腹，假圈足。外腹施釉不匀，色泛黄，开细片，底部露胎。口径 8.7、底径 5.8、高 2.7 厘米（图六）。

青白釉荷叶盖　1 件。圆形纽，盖沿呈荷叶状，子口。盖面青釉闪黄，开细片，薄胎。直径 7.5 厘米（图七）。

青白釉剔花月梅纹盒盖　1 件。平顶，顶部剔花折枝梅花及月亮纹。盖面施青白釉，开细片，盖内露胎。口径 8.7、高 2.7 厘米（图八）。

八连弧葵式铜镜　1 件。八连弧形，小纽，镜缘凸起。有铭文，因腐蚀严重，字迹难以辨认。直径 19.5 厘米（图九）。

玉簪　1 件。白色，圆柱状。长 14 厘米（图一〇）。

玉扇坠　1 件。白色，桃形。

银簪　1 件。表面呈黑色。残长 4.6 厘米。

铜钱　数枚。腐蚀严重，字迹不清。

吴氏地券　1 方。青砖质，长方形。券文共 10 行，每行分别为 23 ~ 33 字。回旋文自右至左，刻字填朱。宽 29、高 69.5 厘米（图一一）。券

图九　八连弧葵式铜镜

文如下。

维皇宋景定二年岁次辛酉十二月初二日庚寅，江南西路江州瑞昌县金城乡三村社接泥中保寄居，杨梦斗伏为所生母吴氏亡命。戊辰年十月初六日丑时受生，不幸于今年四月初三日辰时殁故。龟筮叶从，相地惟吉，买券江州瑞昌县永宅，保刘师坑术坤山之原宅兆安厝。谨用价钱九万九千九百九十九贯，五彩信币，买地一般。东止白虎，西止青龙，南止玄武，北止朱雀。内方勾陈，分掌四域。丘丞墓伯，封步疆界。道路将军，齐整阡陌，千秋永无殃咎。若辄干犯，诃禁将军收捉，谨以酒饭香新为信誓。财地交相分付，工匠修营，朔无死先有居者，永保无咎。若违此约，亦□□乃其祸。主人内外悉皆安。急急如五帝使者女青律令。勅。见人：张坚固。□人：李定度。

该墓是瑞昌县武蛟乡（原大桥公社）李洋湖发现的第二座南宋纪年墓，其墓主与第一座墓（见本书《瑞昌市南宋咸淳八年墓》）墓主关系密切，两墓相距约 10 米，二号墓位于一号墓西。根据墓中出土的地卷记述，墓主吴氏生于戊辰年十月初六日，即南宋嘉定元年（1208 年）十月初六日，殁于南宋景定二年（1261 年）四月初三日，同年十二月初二日下葬，享年 53 岁，为一号墓主黄氏之母，即黄氏之丈夫、进士杨梦斗生母。黄氏生年不清，殁于南宋咸淳

图一〇 玉 簪

图一一 吴氏地券

八年（1272 年）十月二十八日。吴氏较黄氏早死 11 年，婆媳俩同葬于“刘师坑”，且两墓相隔较近，按当时的风俗习惯推测，吴氏之子杨梦斗应同葬于该地，或其妻室黄氏墓旁。

从两座墓的墓葬结构来看，吴氏为土坑墓，黄氏为石室墓，较之吴氏要阔气得多，显然在安葬上有厚薄之分，只是两者同样是用红棺木埋葬罢了。从殉葬器物看，数量上不相上下，种类也基本相同，同样都殉葬有青白釉罐、青白釉盒底、铜镜、簪等器物。只是在刻地券时有别，黄氏地券为石质，吴氏地券为砖质。

吴氏墓中出土的青白釉剔花罐、盒盖，从器形、胎质、釉色上分析，尤其是以剔花折枝梅花为主的图案装饰，都显示出江西南丰白舍窑产品的基本特征，说明这两件器物属本省南丰白舍窑所生产的产品。

以上两墓都出土有纪年地券，表明墓葬年代一在南宋高宗绍兴三年（1133 年），一在南宋理宗景定二年（1261 年）。出土器物虽不多，但有明确的纪年，无疑为其他同类器物的断代提供了年代标尺。

（刘礼纯、周春香执笔，原载《考古》1991 年第 1 期）

新建县南宋绍兴三十年墓

1982年12月，新建县樵舍在维修堤坝取土时，发现宋代古墓一座。民工将出土的瓷器、铜镜等文物送交江西省博物馆。江西省博物馆收到文物后，立即派专人到现场。经了解，该处为鄱阳湖边小山丘，地面能见到现代墓葬被挖痕迹，古墓全被挖掉，地表尚散存有少量黄釉陶片和蘑菇形棺钉。据民工介绍，这座古墓埋得较深，距地表2～3米，墓室为长方形，上盖红砂石板。从地面观察，隐约可见长方形墓室痕迹。墓中出土瓷器2件，铜镜1件，地券1方，陶双联罐1件，另有铜钱一堆。现将出土器物介绍如下。

青白釉六瓣花口碗　1件。敞口外撇作六瓣花形，弧腹，圈足。内底饰一周弦纹。施青白釉，釉质纯正滋润，积釉处呈湖水绿色，有冰裂纹开片。圈足内露胎，胎质洁白细腻。口径12、底径4.5、高4.8厘米（图一）。

青白釉刻划牡丹纹碗　1件。敞口，斜腹，圈足。器外光素无纹，内底下凹形成一周弦纹，内壁刻饰折枝牡丹纹，构图严谨，刀法流畅，刚劲有力。施青白釉，釉质纯正滋润，积釉处呈湖水绿色，有冰裂纹开片。圈足内无釉露胎，胎质洁白细腻。口径12、底径3.6、高4.6厘米（图二）。

铜镜　1件。圆形，半圆形纽。中区饰龙和齿纹一周，并直行楷书“青盖”两字。周边饰锯齿纹和折波纹各一周，并以一周弦纹相隔。镜面光滑，花纹精细，铜质优良，合金比例适当，无腐蚀现象，是铜镜中保存较好的一件。直径9.9厘米。

图一　青白釉六瓣花口碗

图二　青白釉刻划牡丹纹碗

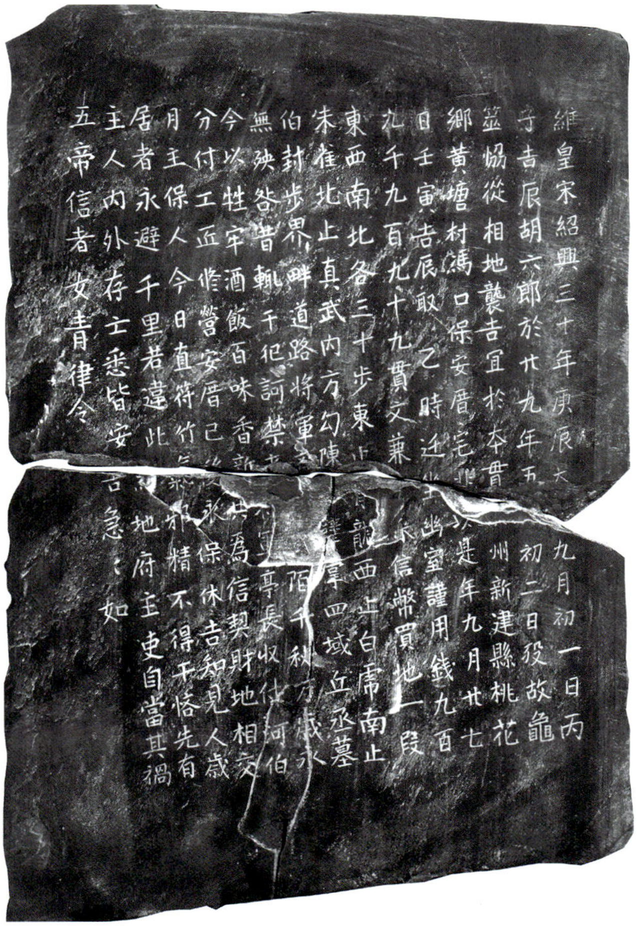

图三　地　券

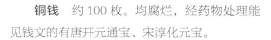

铜钱　约 100 枚。均腐烂，经药物处理能见钱文的有唐开元通宝、宋淳化元宝。

地券　1 方。青石质，长方形。宽 56、高 82 厘米（图三）。券文如下。

维皇宋绍兴三十年庚辰，大岁九月初一日丙子吉辰，胡六郎于廿九年五月初二日殁故。龟筮协从，相地袭吉。宜于本贯洪州新建县桃花乡黄塘村冯口保安厝宅兆。以是年九月廿七日壬寅吉辰，取乙时迁坐幽室。谨用钱九百（万）九千九百九十九贯文，兼五彩信币，买地一段，东西南北各三十步。东止青龙，西止白虎，南止朱雀，北止真武。内方勾陈，分掌四域。丘丞墓伯，封步界畔。道路将军，齐整阡陌。千秋万岁，永无殃咎。若辄干犯，呵禁将军亭长，收付河伯。今以牲牢酒饭，百味香新，共为信契。财地相交分付，工匠修营安厝，已后永保休吉。知见人：岁月主。保人：今日直符。竹气邪精，不得干恪。先有居者，永避千里。若违此约，地府主吏，自当其祸。主人内外存亡，悉皆安吉。急急如五帝信者女青律令。

据券文可知，墓主胡六郎死于南宋绍兴二十九年（1159 年）五月初二日，葬于南宋绍兴三十年（1160 年）九月初一日。

（杨后礼执笔，原载《江西历史文物》1983 年第 2 期）

德兴市
南宋乾道元年墓

1985 年 4 月，在江西省德兴县（1990 年 12 月撤县设市）内银山路西侧的官仓背山麓，有一居民在开山筑房基时挖到一座古墓。德兴县博物馆接到报告后立即前往处理，得知是一双券拱砖室墓，墓向 351°。清理时墓室已被破坏，挖出的青砖堆放一地，墓内随葬器物已被取出，故墓室大小、葬式均不明。据当事人介绍，墓内棺木、骨骼无存，随葬器物放置分散。该墓出土一些铜钱，但都已锈蚀粉碎。另见有墓志一方，无盖，竖放在墓室前。出土的随葬器物大多为瓷器，分属青白釉瓷和黑釉瓷，这些瓷器形制小巧，工艺精美。现将出土器物介绍如下。

青白釉刻划菊瓣纹罐 2 件。形制相同，一大一小。敛口，短颈，斜折肩，弧腹，圈足。腹外壁刻饰三层菊瓣纹。施青白釉不及底，釉质莹润，下部釉层较厚，呈油滴状。口沿、胫部至足露胎，胎质洁白细腻。大者口径 6.3、底径 5.1、高 7.2 厘米（图一），小者腹径 5.4、高 4 厘米（图二）。

青白釉印花缠枝菊纹盒 1 件。子母口，直腹，平底。盖面印缠枝菊花纹。施青白釉，釉面较厚。胫部至底露胎，胎质洁白细腻。腹径 7.8、通高 4.6 厘米。

青白釉扁圆形盒 1 件。器呈扁圆形。子

图一　青白釉刻划菊瓣纹罐

图二　青白釉刻划菊瓣纹罐

图三　青白釉扁圆形盒

图四　青白釉印花菊瓣纹盒

母口，盖面微拱，直壁，平底。整器光素无纹。施青白釉，釉色青中泛黄，有冰裂纹开片。口沿及底部露胎，胎质洁白。口径 8.2、底径 8.2、通高 4.7 厘米（图三）。

青白釉印花菊瓣纹盒　1 件。整体呈花瓣棱形。子母口，微弧腹，平底。盖面中央下凹，上印菊瓣纹。施青白釉不及底，口沿、胫部至底露胎，胎质洁白细腻。口径 3.7、底径 3.7、通高 2.7 厘米（图四）。

青白釉盒　2 件。均缺盖。子口，平底。器外壁分别饰竖凸棱纹和菊瓣纹。施青白釉，釉不及底。胫部至底露胎，胎质洁白。腹径分别为 7.3、6.3 厘米，高 2.4 厘米（图五）。

青白釉筒形杯　1 件。直口，凸沿，筒形腹，圈足。足边刻饰一周凹弦纹。施青白釉，釉色青中泛黄，有细碎冰裂纹开片。圈足露胎，胎呈白色。造型敦厚古朴，为饮酒器。口径 6.2、底径 3.9、高 3.6 厘米（图六）。

青白釉方形盒　1 件。缺盖，盒呈四方形。子口，方形腹，折胫，平底。施青白釉，釉质细腻，光泽纯正，莹润如玉。口沿露胎，胎质坚细洁白，

图五　青白釉盒

图六　青白釉筒形杯

图七　青白釉方形盒

图八　青白釉莲瓣纹灯

图九　青白釉瓜棱纹葫芦形水注

瓷化程度高。造型精巧别致。口径 4.8、底径 4、高 3.6 厘米（图七）。

青白釉莲瓣纹灯　1 件。平口，弧腹下收，束胫，高圈足外撇。腹部满饰三层仰莲瓣纹，腹一侧并排镂两个小圆孔，盏内中心塑一根开顶孔和边孔的灯芯柱。施青白釉，釉面玻璃质感强，积釉处呈莹绿色。圈足内露胎，胎质洁白细腻。造型小巧别致。口径 6.5、底径 4.1、高 4.2 厘米（图八）。

青白釉瓜棱纹葫芦形水注　1 件。器呈葫芦形。平口，短颈，束腰，平底。在一侧下圆腹上贴塑直流，另一侧泥条状曲柄连接上下葫芦球。器身饰瓜棱纹。施青白釉不及底，胫部至底露胎，胎质坚细，洁白如玉。造型小巧，精致美观。口径 1.2、底径 3.1、高 6.7 厘米（图九）。

黑釉兔毫纹盏　1 件。口微敛，微弧腹下收，饼足。器内外施黑釉，釉层较厚，釉色乌黑明亮，盏内有银光色兔毫纹，外壁下腹有流釉现象，呈油滴状。胫部至饼足露胎，胎体厚重，胎质坚硬，呈黑灰色。口径 9.1、底径 3.6、高 4.2 厘米（图一〇）。

黑釉罐　2 件。分两式。

Ⅰ式　1 件。侈口，圆唇，短颈，微折肩，鼓腹，圈足。内外施黑釉，釉质润厚。底部露胎，胎质坚细，呈褐棕色。口径 6.3、腹径 7.1、高 5.4 厘米（图一一）。

Ⅱ式　1件。侈口，圆唇，直颈，溜肩，微鼓腹，平底。内外施黑釉，釉质润厚。胫部至底露胎，胎质细白，底部见漩涡纹。口径5.2、腹径5.7、高6.2厘米。

酱褐釉罐　1件。敛口，短颈，鼓腹，平底。施酱褐釉，釉泛棕红色。底部露胎，胎呈白色。口径4、腹径6、高4厘米。

酱褐釉小碟　1件。敞口，微弧腹，平底。施酱褐釉，釉面无光泽。内底留有三支钉支烧痕。口径9、高2.7厘米。

圆形歙砚　1方。圆形，采用婺源龙尾（歙）石之眉纹材质制成。砚背平坦，光素无纹。砚面留边，墨池稍鼓，有一眉月形蓄墨沟。砚色青碧，有银灰色晕块，点点金星在砚石中熠熠闪光。石质坚涩、细润，声若金石，为银晕金星砚。出土时砚面墨迹斑斑，有使用痕迹。砚小巧精美，为龙尾砚中的上品。直径9.8、高1.5厘米（图一二）。

玉簪　2件。一件断成6截，残长16.4厘米；另一件只存4厘米长的一残段（图一三）。

图一〇　黑釉兔毫纹盏

图一一　Ⅰ式黑釉罐

图一二　圆形歙砚

图一三　玉　簪

图一四　白玉环

图一五　白玉珠

图一六　白玉饰

图一七　滑石刻

图一八　镇纸石

图一九　水晶石

图二〇　水晶石

白玉环　2 件。大的已残缺，小的直径 3 厘米（图一四）。

白玉珠　5 件。大小不一，大的两件饰花瓣纹（图一五）。

白玉饰　2 件。一件为圆形，正面对刻“金玉满堂”四字，背面光素。直径 5.6 厘米。另一件为长方回形挂饰，长 3.2、宽 1.2 厘米（图一六）。

滑石刻　1 件。已残。圆形方孔钱形，边缘有一圆形穿孔（图一七）。

镇纸石　1 件。红色，为椭圆形球状石核。长 4、宽 2.5 厘米（图一八）。

水晶石　2 件。未琢刻。分别长 9.4、10.3 厘米，宽 5.2 厘米（图一九、二〇）。

八瓣菱花形带柄铜镜　1 件。缺柄，无纽，八瓣菱花边。背面周边有宽凸棱，中部长方框内竖铸隶书阳文“湖州□道炼铜照子”铭文，呈两竖行排列，中间有一凸棱相隔。铸造精致厚实。直径 11、厚 0.5 厘米（图二一）。

图二一　八瓣菱花形带柄铜镜

图二二　Ⅰ式六瓣葵花形铜镜

六瓣葵花形铜镜　2 件。分两式。

Ⅰ式　1 件。镜呈六瓣葵花形。背面周边有凸棱，中央为桥形纽。右侧长方框内竖铸两行楷书阳文“湖州石念二叔孙男五一郎照子”铭文，中间有一凸棱相隔。铜镜正面布满丝织物痕迹。直径 18.6、厚 0.5 厘米（图二二、二三）。

Ⅱ式　1 件。镜呈六瓣葵花形。素平缘，小半球形纽。右侧长方框内竖铸两行楷书阳文“湖州石十郎真炼铜无比照子”铭文，中间有一凸棱相隔。铜镜正面布满丝织物痕迹。直径 17.2、厚 0.4 厘米（图二四）。

铜勺　1 件。桃形勺，扁长曲柄。通体正面刻花纹图案，为磨墨舀水之用。长 10.7 厘米（图二五）。

铜钱　3 枚。钱文均为“太平通宝”。

墓志　1 方。青石质，长方形。碑面不平整，但铭文清晰。阴刻楷书，字体严谨挺秀，刻工较佳。15 行，满行 24 字。宽 36、高 51 厘米（图二六）。志文如下。

图二三　Ⅰ式六瓣葵花形铜镜铭文

图二四　Ⅱ式六瓣葵花形铜镜

图二五　铜　勺

宋故徐通仕墓志铭

元丰名臣忠愍徐公禧之曾孙，绍兴签书枢密院事俯之孙，江南西路参议官琏之长子曰衎。授先公遗泽，官通仕郎，年二十有一，侍余赴湖湘戎幕，以疾不起，实己卯岁仲秋二十有九日也。母孺人程氏。衎好学不倦，人皆惜之。维徐氏系出偃王，五季避地自婺州之金华徙洪州之分宁。今皇帝嗣位，升府曰隆兴。昨先公罢政乐饶州德兴县山水之佳，乃留居焉。既薨，葬于县之径集里龙停山，因于县之长庆院东偏。卜地得之，以乾道改元十一月己酉合葬。衎夫妇仍以长女康姐祔之。衎娶韩氏，新全州守悫胄之长女，忠献公之裔也。后夫逾岁而亡，亦年二十有一。母安人王氏。衎既娶，无嗣，追念，岂忘他日当于诸孙中择其敦厚有立者继之，魂其少慰乎。余困于贫久之，乃办。又枸官次不能躬往，其愧可知。继以铭曰：

东湖之孙，忠愍之裔。幼而能学，遽然云逝。胡不永年，克昌厥世。归安兹丘，余乃雪涕。

此墓为南宋徐衎夫妇合葬墓。男墓主徐衎，德兴人，授先公遗泽官通仕郎，二十一岁从随赴湖湘（今湖南省）戎幕，以疾不起，病卒于南宋绍兴二十九年（1159 年），乾道元年（1165 年）十一月夫妻合葬于县之长庆院东山麓。通仕郎为北宋崇宁二年（1103 年）新置选人阶官名，相当于旧阶官县令、录事参军。北宋政和六年（1116 年）后，改通仕郎为授给初与官而未入仕者，相当于试衔或斋郎。

墓主的曾祖父徐禧（1035 ~ 1082 年），字德占，分宁县（今江西修水县）人。“官召知谏院，又进知制诰兼御史中丞，后坐事左迁给事中”，元丰五年（1082 年）死于西夏战事，“赠金紫光禄大夫、吏部尚书，谥忠愍”，《宋史》卷三三四有传。墓主的祖父徐俯（1075 ~ 1141 年），字师川，自号东湖居士，原籍洪州分宁县（今江西修水县），后迁居德兴天门村。据同治《德兴县志·人物志》名臣条载，年幼能诗，为舅黄庭坚所器重，“以父禧死国事，授通直郎，累官司门郎，建炎中任右谏议大夫。绍兴二年

（1132 年）赐进士出身。历翰林学士、端明殿学士、签书枢密院事，兼权参知政事。绍兴九年（1139 年）出知信州（今江西上饶），奉祠归天门故里。明年卒”。徐俯晚年为诗，力求平易自然，是著名的江西派诗人，有《徐师川诗集》六卷，《宋史》卷三七二有传。墓主父徐琏，为江南西路参议官。

《德兴县志》载，天门村为宋建炎间（1127 ~ 1130 年）洪州分宁（今江西修水）徐俯建村，“天门山在城西隅，去城几百步，高百仞，水际嶙峋，巨石远望如天门，故名。宋郡守陈公策诗：‘一柱撑西角，天门势亦尊，攀萝上巅去，星斗许谁扪。’徐姓聚族其下，灵气之钟孕尤厚云。村内原建有徐姓忠愍祠，祀枢密父徐禧。乡贤祠，有祀签书枢密徐公俯”。据出土的徐衎墓志，徐氏为西周徐国偃王之后，在唐宋间避五季之乱，“自婺州之金华（今浙江金华）徙洪州之分宁”。墓志记“昨先公（徐俯）罢政乐饶州德兴县山水之佳，乃留居焉”。可见，徐俯在南宋绍兴九年（1139 年）知信州之前，其家族已迁居德兴，以后多殖于此地。同治《德兴县志·杂类志》记，“宋徐枢密俯茔墓在县径集里二十二都（今花桥镇），墓尚存”。徐氏家族三代人死后都未葬于同处。徐衎墓地官仓背，山高不足百米，据传古代山下设有官家谷仓而得此名。墓志中提及的长庆院，地方志未载，观遗迹也已无存。

徐衎墓志无撰文、书刻者题名，但从志文“衎侍余同赴湖湘戎幕”、“余困于贫久之，乃办。

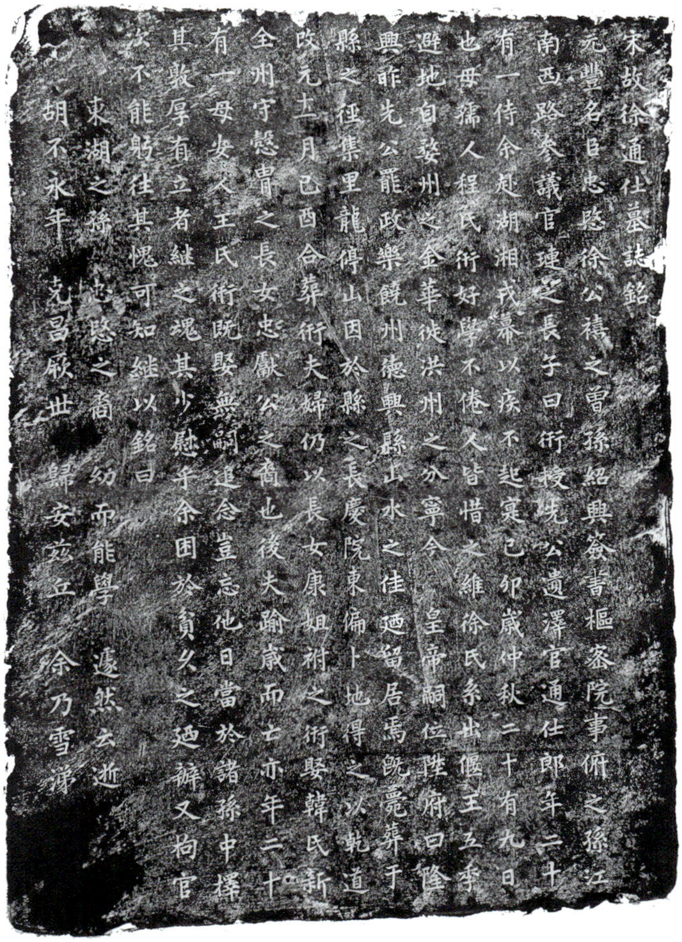

图二六　墓志拓片

又枸官次不能躬往，其愧可知”的口吻可知，撰文者是与死者生前随往湖湘幕职的军事长官。徐衎墓志石小而薄，表面平整度差，很不讲究，是本地出土墓志中较简陋的一块。

（孙以刚执笔，原载《考古》1995 年第 2 期）

抚州市
南宋庆元四年墓

1985年5月，江西临川县（今抚州市临川区）温泉乡莫源李村农民在窑背山发现一座古墓。墓地现场被毁，尚可见残砖乱土，经调查询核，知该墓为双穴砖室合葬墓，坐北朝南。

该墓出土器物丰富，有金质饰件、水晶佩挂、文房用具、陶瓷器皿、铜锡器物等。尤其突出的是出土了大批瓷俑，有文吏武士及明器神煞，形象多种，情态各异，共70件。大部分俑底座下有墨书题记，尚隐约可见。该墓伴出墓碑、地券。现将出土器物介绍如下。

一　金质饰件

纯度较高，多錾刻花纹，制作精细。

菊花纹发簪　1件。空心圆钉状。上部饰纹紧密，工艺精湛，扁平首面錾刻菊花一朵，衬以葵花枝叶，下围蕉叶四瓣，再附以水波纹。下部光素无纹。长15厘米，重28.4克（图一）。

竹节纹发钗　2件。U形，弧部錾刻花纹。一件弧部为多节竹鞭状，长14.3厘米，重37.1克（图二）；一件弧部平雕葵花一朵，周围满饰葵花、蕉叶等，长8.5厘米，重8.6克（图三）。

竹节状饰片　2件。外形呈竹节状，器形破损。重3.8克。

二　水晶饰件

磨制细腻，晶莹碧透，形制多种。

葫芦形吊饰　1件。器实心，呈葫芦状。平口，梯形颈，弧肩，束腰，圜底。器形小巧，做工精细，料质透明。高4.3厘米（图四）。

图一　菊花纹金发簪

图二　竹节纹金发钗

图三　竹节纹金发钗

图四　葫芦形水晶吊饰

图五　带金钩水晶珠

图六　瓜子形水晶吊饰

图七　瓜形水晶饰件

图八　椭圆形水晶佩饰

图九　六边形多棱水晶饰件

图一〇　八边棱台形水晶饰件

带金钩水晶珠　1件。形若葡萄，上有四叶金花蒂饰，金蒂柄呈弯钩状，下吊一水晶珠。器形小巧精致，惹人喜爱。长2.1厘米（图五）。

瓜子形吊饰　1件。器呈瓜子状，两头尖细，中间扁平。一端钻有一小孔，为穿挂之用。通体透明，无杂质。长2.2厘米（图六）。

瓜形饰件　1件。扁平椭圆形，弧缘，器身刻有六条小槽，形似瓜棱，中部钻有一孔。通体透明，为装饰吊件。长2.9、宽1.6厘米（图七）。

椭圆形佩饰　1件。器呈扁平椭圆形，中间镂空成四弧形开窗，四周对称开有四出小槽，可供佩系。通体透明，工艺水平高超。长5.2、宽4厘米（图八）。

六边形多棱饰件　1件。器体扁平，呈多棱六边形。边端均磨斜向边棱，一顶端处钻有一孔，为穿挂之用。通体透明，阳光照射下有众多反射面，光灿夺目。长3.5、宽2厘米（图九）。

八边棱台形饰件　1件。器呈正八边棱台形，中有圆孔，上小下大。器身不太透明，有杂质。上宽2、下宽2.5、高1.7厘米（图一〇）。

图一一　张坚固俑

三　瓷俑

70件。瓷土作胎，胎土细匀，素烧，火候偏低。多为单体侍立状圆雕，由模印贴塑而成，多中空。大部分俑底座有墨书题名。

张坚固俑　1件。脸稍侧视，大耳，脸部轮廓较模糊。头戴高背巾帽，身着圆领窄袖长袍，领内有衬领，腰系带。双手拢袖，置于腹前。脚穿尖靴，立于方形底座上。底部有墨书题记“张坚固”三字。高23.1厘米（图一一）。

李定度俑　2件。脸稍仰视，大耳，脸部轮廓较模糊。头顶束发绾髻，髻外系帕巾，下垂两带。身着右衽窄袖长袍，腰系带。双手拢袖，置于腹前。脚穿尖靴，立于方形底座上。座底墨书“李定度”三字。高22.5厘米（图一二）。

张坚固和李定度，此两人姓名常出现在唐宋墓葬的地券中。张坚固、李定度常以买地券中的卖主或保见人出现，应是唐宋时期社会上土地买卖的反映。买地券是一种给丧家精神安慰的凭借，张、李则是这种安慰的偶像。

张仙人俑　2件。大耳，脸部轮廓较模糊，眼睛正视前方，神态威严。头顶束发绾髻，髻外系帕巾，下垂两带。身着右衽窄袖长袍，腰系带。右手持一刻度分明的罗盘，置于左胸前，左手紧执右手袖口。脚穿尖靴，立于方形底座上。座底墨书“张仙人”三字。高22.2厘米（图一三）。

张仙人为《永乐大典》之《大汉原陵秘葬

图一二　李定度俑

图一三　张仙人俑

图一四　王公俑

经》中所提到的“地理阴阳人张景文”一类人物，也就是地方上专以阴阳地理堪舆为生的“风水先生”。

南宋时，航海事业的兴旺直接推动了指南针的发展。指南针又称罗盘，当时称之为盘针、经盘、地螺，因放置磁针方式的差异分为水罗盘与旱罗盘两种。上述两件张仙人俑便是南宋旱罗盘的物证，为研究旱罗盘出现的时间、造型及作用，提供了可靠的实物资料。

王公俑　1件。大耳，脸部轮廓较模糊。头戴高背巾帽，身着圆领窄袖长袍，领内有衬领，腰系带。双手拢袖，置于腹前。脚穿尖靴，立于方形底座上。座底墨书“王公”两字。高23.1厘米（图一四）。

王母俑　2件。两俑均作伫立状。头梳高髻，身着对襟宽袖长袍，腰系带。一条宽长的披帛缠绕双臂，至胸前层叠下垂至足，双手合置袖内。一俑脚穿尖头翘靴，立于方形底座上

图一五　王母俑

图一六　王母俑

（图一五）；一俑底平，无方形底座（图一六）。高 22 厘米。

王公和王母，即东王公和西王母，在唐代地券中做过土地买卖的见证人。《神异经·东荒经》载：“‘东荒’山中有大石室，东王公居焉。长一丈，头发皓白，人形鸟面而虎尾，载一黑熊，左右顾望。”按《山海经》载，西王母为一豹尾虎齿而善啸的怪物。而《太平广记》说东王公和西王母是一对神仙配偶，他们共理二炁（气），分别掌管男仙、女仙的名籍。唐宋墓中提及的王公、王母应为后一说中的神煞。

指路俑　1 件。脸稍侧视，大耳，脸部轮廓较模糊。头顶束发绾髻，髻外系帕巾，下垂两带。身着对襟宽袖长袍，腰前系大带，右手竖两指，左手紧按右手袖口。脚穿高头靴，立于方形底座上。座底墨书“指路”两字。高 22.7 厘米（图一七）。

引路俑　2 件。目视前方，面露微笑。头戴弁帽，帽前刻一“王”字。身着对襟宽袖长袍，腰前系大带，双手合置胸前。脚穿高头靴，

图一七　指路俑

图一八　引路俑

图一九　短衣童俑

图二〇　童子俑

图二一　髻带俑

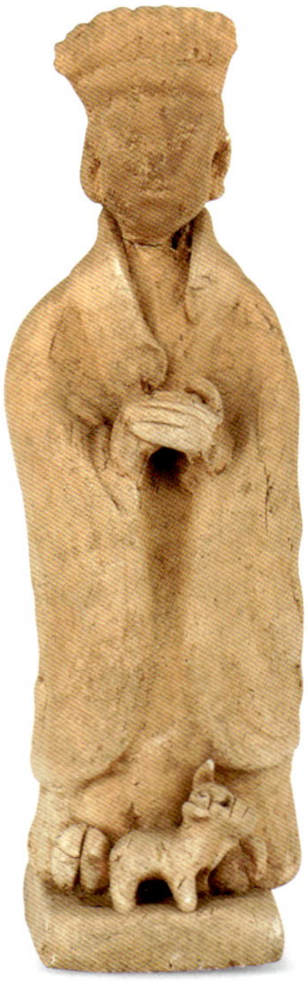

图二二　带兽俑

图二三　风帽俑

立于方形底座上。座底墨书“引路”两字。高21.4厘米（图一八）。

短衣童俑　1件。脸稍仰视，大耳，脸部轮廓较模糊。身着对襟短衫，下着裙裤，双手叉置腹前。脚穿高头靴，立于方形底座上。神态顽皮，天真可爱。高21.6厘米（图一九）。

童子俑　2件。脸稍侧视，浓眉大耳。发髻高绾，后垂两带。身着圆领窄袖长袍，领内有衬领，腰系带，双手执置胸前。脚穿尖头靴，立于方形底座上。座底墨书“□□童子”四字。高21.5厘米（图二〇）。

髻带俑　1件。形与童子俑相似。座底墨书两字，字迹模糊。高22厘米（图二一）。

带兽俑　1件。头戴弁帽，帽前刻一“王”字，大耳，脸部轮廓较模糊。身着对襟宽袖长袍，腰系带，双手握置于胸前。脚穿高头靴，前立一羊形小兽，俑与小兽均立于方形底座上。高25厘米（图二二）。

风帽俑　1件。头戴风帽，帽顶缀珠饰，两侧垂带。身着圆领窄袖长袍，领内有衬领，腰系带，双手拢袖于腹前。脚穿尖头靴，立于方形底座上。高23.8厘米（图二三）。

青龙俑　2件。武士形象。双眼圆睁，正视前方，神态威严。头戴凤翅盔帽，帽顶缀缨。身披铠甲，腹裹抱肚，脚蹬尖靴。肩扛一龙，左手托龙头，右手执龙尾，立于三角形三足底座上。高26厘米（图二四）。

白虎俑　2件。形象同青龙俑。肩扛一虎，右手抱虎首，左手执虎尾。高26厘米（图二五）。

图二四　青龙俑

图二五　白虎俑

图二六　朱雀俑

图二七　玄武俑

朱雀俑 1件。文侍形象。头顶束发呈尖锥形，身着对襟宽袖长袍，腰系带。双手捧一展翅长尾朱雀于胸前，朱雀长尾倚于俑的左肩上。脚穿尖头靴，立于方形底座上。座底墨书“朱□”两字。高23.2厘米（图二六）。

玄武俑 2件。文侍形象。头束宽髻，身穿对襟窄袖长袍，腰系带，双手拢袖于腹前。胸前贴塑一向下爬行的长蛇，膝前贴塑一向上爬行的乌龟，蛇头与龟首相对。脚穿尖头靴，立于方形底座上。座底墨书“玄武”两字。高23.1厘米（图二七）。

青龙、白虎、朱雀、玄武被称为四方神，简称四神，起源于远古时期。原始人类以为有些动物能腾云驾雾，有的能征服百兽，有的能翱翔太空，有的能水陆行进，于是对它们产生了崇拜，甚至把它们奉为神圣的图腾。到商周时期，人们把天空四方的星象分别组成东方青龙、南方朱雀、西方白虎、北方玄武，成为后来的方位地域概念。如《礼记·曲礼上》谈军旅行阵时说：“行，前朱鸟而后玄武，左青龙而右白虎。”四神也称四灵，如《三辅黄图》云：“苍龙、白虎、朱雀、玄武，天之四灵，以定四方。”汉镜有铭云：“左龙右虎掌四方，朱雀玄武和阴阳。” 四神在唐宋时常被引为亡灵幽穴的四止范围，地券中屡见不鲜。

仰观俑 2件。举首作仰观状。头戴幞帽，后垂两带，大耳，脸部轮廓较模糊。身着圆领宽袖长袍，领内有衬领，腰系带，前垂大带，

图二八　仰观俑

双手合执于胸前。脚穿高头靴，立于方形底座上。高 21 厘米（图二八）。

伏听俑 2 件。俑作伏听状。头带幞帽，后垂两带。身着圆领窄袖长袍，腰系革带。全身拱伏，双膝跪地，上身下伏，双手并拢贴于地，脸左侧枕于双手作倾听状，一副伏听地府、与鬼神对话的神态。衣服上有较深的衣褶刻划纹。长 15、高 6 厘米（图二九）。

据《大汉原陵秘葬经》，关于择地葬人中有“不斩草者名曰盗葬也，是以亡魂不宁，生人不利，天曹不管，冥府不收”的记载，视仰观俑和伏听俑的形象，它们应是与“天曹”、“冥府”直接相关的神煞。

十二生肖俑 20 件。造型相同。头戴弁帽，帽前刻一“王”字。身着对襟宽袖长袍，双手合执，胸前系大带。脚穿翘头靴，立于方形底座上。每俑座底分别墨书有“子”、“丑”、“寅”、“卯”……“申”、“酉”、“戌”、“亥”地支字样。高 22 ~ 24 厘米（图三〇 ~ 三三）。

十二生肖，又称十二属相、十二时神，常见为十二种动物，按十二地支顺序排列，即子鼠、丑牛、寅虎、卯兔……亥猪，古术数家以某人生在某年就肖某物。《周书·宇文护传》载：“生汝兄弟，大者属鼠，次者属兔，汝身属蛇。”清赵翼《陔余丛考》云：“十二属相之说起于东汉，汉以前未有言之者。”我国古代按天干与地支顺序排列，轮番计时，六十年一番，翻覆无穷。或引申为永久岁月，如地券中常见有“千秋永岁悉无殃咎”、“千龄亿年永无灾苦”之说。

图二九　伏听俑

图三〇　十二生肖俑

图三一　十二生肖俑座底墨书

图三二　十二生肖俑座底墨书

图三三　十二生肖俑座底墨书

图三四　鸡

图三五　犬

鸡　2件。高冠长尾，双眼圆睁，身上刻划羽毛，足部塑成圆柱状。羽纹清晰，线条流畅，栩栩如生。长13、高10厘米（图三四）。

犬　2件。仰首，双耳前曲，双眼圆睁，张嘴。四肢伏地，左前爪置于右前爪上，卷尾上搭，神态可爱。长9、高7厘米（图三五）。

另有"东□□□"、"南□"、"中□"、"□礼□长"、"□□守□神"等题记俑，形如张坚固等俑，字不可辨。

四　陶瓷器

青白釉堆塑龙虎纹瓶　2对。形制相似。瓶体修长，盂形口，长直颈，长弧腹，圈足稍外撇。颈部满饰弦纹，其上堆塑青龙、白虎、玄武、朱雀四灵及日、月、犬、祥云等纹饰。肩部塑绳纹一周，其上贴塑立俑和伏听俑。笠帽形盖，盖沿平，盖壁满饰弦纹，纽为一蹲伏的小鸟。施青白釉，釉质莹亮。盖内、口沿、器内及圈足露胎，胎呈白色。口径10.5、底径9.5、通高61.5厘米（图三六、三七）。

青白釉鼓钉纹罐　1件。侈口，束颈，鼓腹，小平底。颈腹间贴饰一周鼓钉纹。施青白釉不及底，胫部至底露白胎。口径9.5、底径7.5、高8.5厘米（图三八）。

青白釉印花牡丹纹盒　1件。盒呈扁圆形。

图三六　青白釉堆塑龙虎纹瓶

图三七　青白釉堆塑龙虎纹瓶

盖面圆弧，中心印牡丹花纹，四周饰放射形细菊瓣条纹。施青白釉不及底，釉面光润，白胎。口径 5.5、高 3 厘米（图三九）。

黄釉小罐 1 件。圆唇外卷，细颈，弧腹，平底。施黄釉不及底，色泛黄灰。口径 3.4、底径 2.6、高 4.3 厘米。

陶罐 1 件。灰陶胎，素面无釉。圆唇，溜肩，圆弧腹，平底。口径 12、底径 10、高 10.4 厘米。

五 其他

玉桃 1 件。玉质坚硬，呈淡青色。桃形，桃蒂边刻有一小叶，蒂部残损，桃尖刻有果沟。长 3 厘米。

白料钗 1 件。料色乳白，质地脆硬。U 形。弧部呈竹节状，钗尖光素无纹。长 9.5 厘米。

绿料钗 1 件。浅湖绿色，U 形，钗体细圆光洁。长 10.2 厘米。

绿料笄 1 件。形体圆直，呈湖绿色。残长 14.5 厘米。

小珠饰 8 颗。有水晶或料质的，有的刻有编织纹。

山峰形铜笔架 1 件。长条形，形若群山连绵，峰谷相间，十二座高低不等的山峰形成十一缺搁笔的槽。胎体较薄，内底中空，为墓主使用的文具用品。长 29、高 4.5 厘米（图四〇）。

图三八 青白釉鼓钉纹罐

图三九 青白釉印花牡丹纹盒

图四〇 山峰形铜笔架

图四一　葵形铜镜

图四二　带柄圆形铜镜

图四三　石　砚

葵形铜镜 1件。八缺葵口，小圆纽，镜周边有凸棱。纽右侧靠近缘处铸有“湖州石家炼铜照子”铭文，分两竖行排列，外有长方形框。直径21厘米（图四一）。

带柄圆形铜镜 1件。圆面，镜缘有一周小凸边，凹槽形长条柄。整器素面无纹。直径14厘米（图四二）。

石砚 1方。圆台形，上大下小，圈足。砚面中部稍鼓，一端边沿挖刻一半月形蓄墨槽。石色青灰，为墓主使用的文具用品。面径12、底径11.5、高2.4厘米（图四三）。

篦线板 1件。长条束腰形，两头若如意头状。表面包有锡质薄片，呈黑灰色。上面印有牡丹花卉纹。长10.5厘米。

墓碑 1方。红砂石质。阳刻楷书“宋故知邵武军济南朱公之墓”，呈双竖行排列，字体刚健。宽59、高94厘米。

地券 1方。红砂石质，长方形。额称“宋故知郡朝请朱公地券”，分五竖行排列，楷书。券文从右向左，阴刻楷书，17行，满行20字。宽40、高58厘米。券文如下。

维大宋国江南西路抚州临川县左界具庆坊居住，故知军朝请朱公，于庆元三年岁次丁巳五月初三日，以疾卒于正寝，享年五十八岁。龟筮协从，相地袭吉。宜于四年九月二十五日庚申，卜葬于本县静安乡卅八都，土名上幕之原。用钱九万九千九佰九十九贯文，五彩信币，诣五土冥王、开皇地主司，买得阴地一段，壬亥山丙向，安厝宅兆。东止青龙，西止白虎，南止朱雀，北止玄武，上止青天，下止黄泉，中为亡人万年冢宅。内方勾陈，分掌四域。丘丞墓伯，封步界畔。道路将军，齐整阡陌。千秋永岁，悉无殃咎。四至之内，或有古迹神坛，前亡后化，不得妄有争占，惊动亡人。若辄干犯呵禁者，将军亭长收付河伯。财地相交，分付工匠修营安厝。已后山水朝迎，子孙昌炽，永保休吉。知见人：张坚固。保人：李定度。书人：天官道士。故炁邪精，不得忏怪。先有居者，速去万里。若违此约，地符主吏，自当其祸。孝宅内外存亡，同皆安吉。急急如太上律令。敕。

据墓碑、地券可知，墓主为南宋邵武知军朱济南，江西临川人，卒于南宋庆元三年（1197年）五月初三日，葬于庆元四年（1198年）九月二十五日。《邵武府志》与《临川县志》未见载录，故碑文、券文有补史价值。地券称谓“朝请朱公”，“朝请”为宋代散官“朝请大夫”或“朝请郎”之简称。北宋元祐改制后，“朝请大夫”为从六品，“朝请郎”为正七品。朱济南曾任邵武知军，按北宋元祐官品令有关规定，起码品位为从六品，所以朱济南应是朝请大夫。邵武军属福建路，治今福建邵武。

（陈定荣、徐建昌执笔，原载《考古》1988年第4期）

宜黄县
南宋嘉泰元年墓

1973年1月，江西省宜黄县圳口公社发现一座宋嘉泰年间墓葬。该墓位于圳口公社圳口大队新建生产队村旁的公路上，因载重汽车驶过，路面下陷，遂被发现。墓椁室系用麻石板建造，室长约2.5、宽约1.2米，方向正南北。椁室南端，以石板隔成一小室（即前室），放置“叶九承事地券”及随葬器物（图一）。由于前室采用两根石柱支撑椁盖，器物保存完好。现将出土器物介绍如下。

青白釉刻划婴戏纹碗 2件。敞口，弧腹下收，圈足。器外壁光素无纹，器内刻饰婴戏纹，两个孩童赤裸着身体迎面戏水，外缘为多曲弧线，将纹饰固定在圆形画面内，刀法流畅，纹饰生动逼真。施青白釉，釉质莹亮，釉色纯正呈湖水绿色，有玻璃质感。圈足内露胎，胎质洁白细腻。造型规整，堪称佳作。口径20.8、底径6、高7.5厘米（图二）。

青白釉葵口碗 2件。葵口，口沿外撇，弧腹，矮圈足。内外光素无纹。施青白釉，釉质纯正，

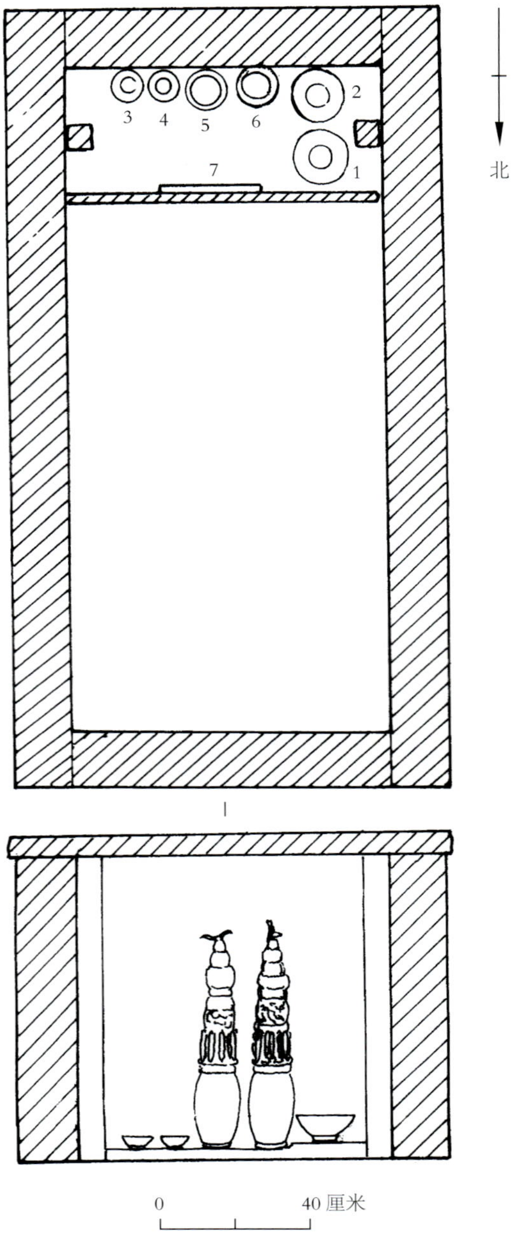

图一　墓葬平、剖面图

1、2. 青白釉刻划婴戏纹碗　3、4. 青白釉葵口碗
5、6. 青白釉堆塑龙虎纹瓶　7. 地券

图二　青白釉刻划婴戏纹碗

图三　青白釉葵口碗

晶莹透明，玻璃质感强，一碗釉有大开片。圈足内露胎，胎质洁白细腻。口径 12、底径 4.6、高 4.2 厘米（图三）。

青白釉堆塑龙虎纹瓶　1 对。缺一盖。直口，长直颈，长椭圆形腹，圈足外撇。口沿下堆塑一周细绳纹，其下匀称分布 4 个环形系。颈部以弦纹为地，其上分塑青龙、白虎缠绕，上下点缀祥云分托日、月，并有朱雀、玄武等相衬，武坐俑和文立俑分塑其上。肩部堆塑一周绳纹，上有立俑 12 个，其中一瓶有一伏听俑，另一瓶有一文官俑。施青白釉，泛青，釉质欠佳。器内、圈足内露胎，胎质较粗糙。口径 12、底径 11、

图四　青白釉堆塑龙虎纹瓶

图五　地　券

瓶高 65、通高 83 厘米（图四）。

地券　1 方。红砂石质，松脆易碎，方形。额首刻有纹饰。下为阴刻楷书券文，“□九承事地券”横书，券文为竖式，12 行，从左识读。宽 35、高 35.5 厘米（图五）。券文如下。

维皇宋嘉泰元年岁次辛酉六月己卯朔越六日甲申，抚州宜黄县仙桂乡上丰里先溪中□，殁故叶九承事，享年□十一。为身□□，用银钱三千六百贯，就此开皇地主，买得阴地一穴，□山丁向，元辰水□巽庚辛长流。保人：张坚固。证人：李定度。书人：功曹。读人：传送。东至甲乙，南至丙丁，西至庚辛，北至壬癸，四至内，亡人永为万年金陇。魍魉邪神，不得争占。如违者，律令施行。

据券文可知，墓主为叶九，不知其名讳字号，此系行第，江西宜黄县人，葬于南宋嘉泰元年（1201 年）。

（李家和执笔，原载《文物》1976 年第 6 期）

乐安县
南宋嘉泰四年墓

1982 年 9 月，乐安县敖溪镇池头大队社员在金鸡山麓取土做砖时发现一座古墓，乐安县博物馆闻讯后即派人赶赴现场了解情况。该墓系券拱砖室墓，以条形素面砖砌成券拱单室，平面呈长方形，底部没有垫底砖。墓室离地表 1.2、长 3.2、宽 1.4 米。墓志放置在墓室前端，棺木、尸骨已腐烂无存，仅剩少量残缺棺钉（图一）。现将出土器物介绍如下。

青白釉葫芦形执壶　1 件。形似葫芦状。小平口，短颈，溜肩，束腰，圈足。下腹一侧塑弯曲长流，对称处的肩部与下腹部间塑扁平把手。扁圆形盖，子口，盖的边缘和把手的顶端均塑一圆管状小系，供系绳用。施青白釉，釉质莹润，有开片。盖子口内、瓶口沿、圈足露胎，胎质洁白细腻。器形规整精巧，是青白釉瓷中的精品。口径 2、底径 5、通高 15.5 厘米（图二）。

青白釉印花牡丹纹盒　2 件。子母口，弧腹，圈足。配圆形平顶盖，盖面边缘饰一周凸弦纹，内印花卉纹，其中一件印牡丹花纹，花纹不甚

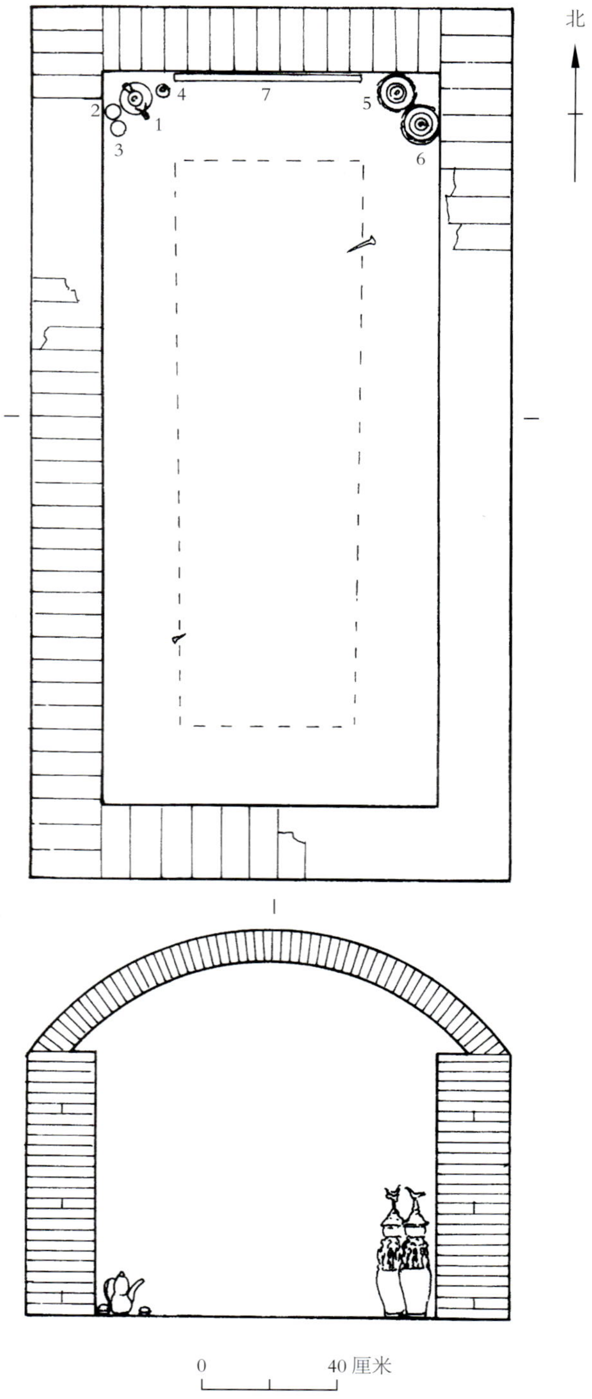

图一　墓葬平、剖面图

1. 青白釉葫芦形执壶　2、3. 青白釉印花牡丹纹盒
4. 青白釉芒口水盂　5、6. 青白釉堆塑龙虎纹瓶　7. 墓志

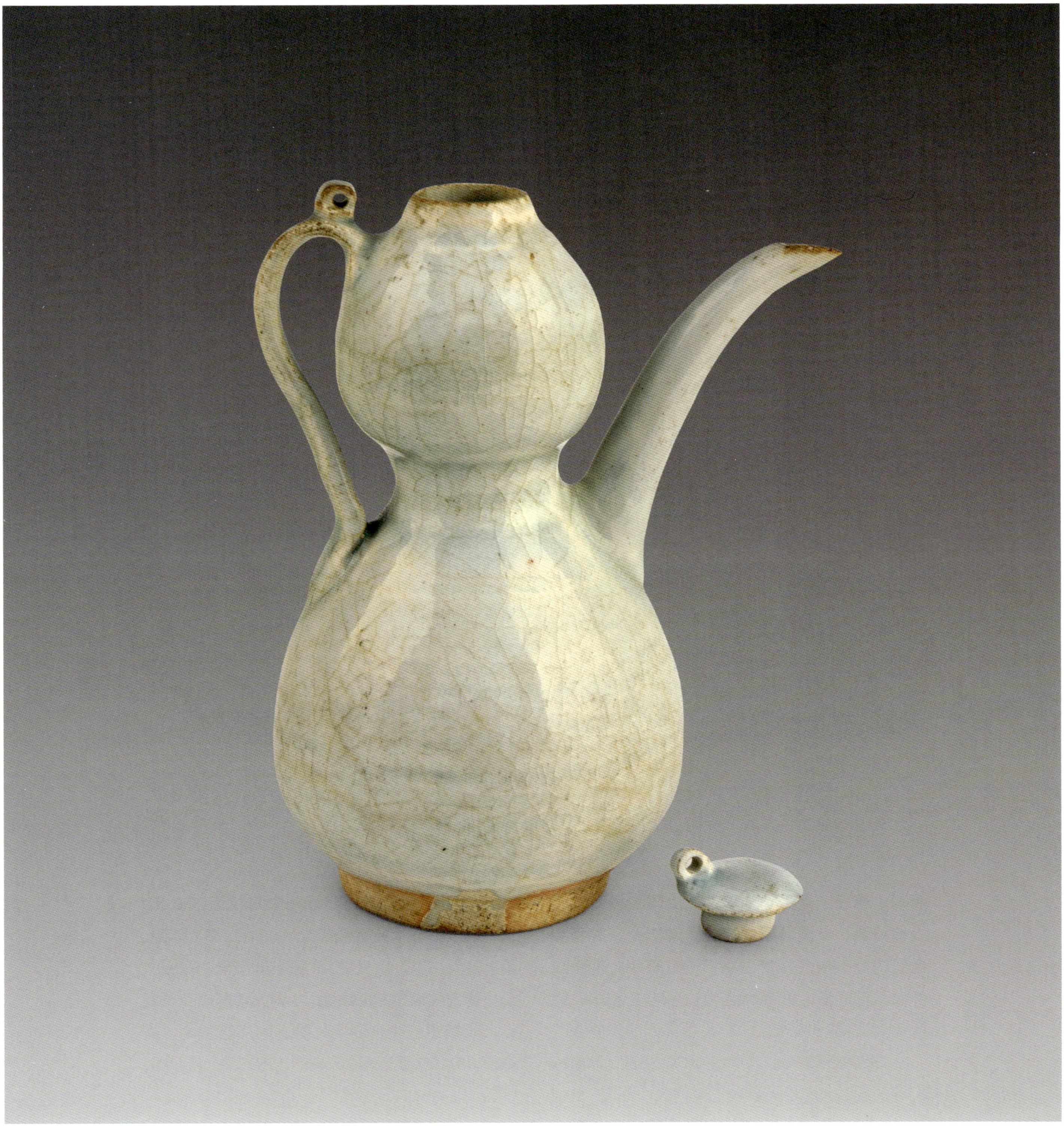

图二　青白釉葫芦形执壶

图三　青白釉印花牡丹纹盒

清晰（图三）；另一件珍珠地上印牡丹花纹，纹饰清晰，有浅浮雕的感觉（图四）。盖壁及盒壁饰竖条纹。施青白釉，釉有开片。盖沿、子口、胫部至足露胎，胎呈白色。口径 6.6、底径 4.5、通高 3 厘米。

青白釉芒口水盂　1 件。平口，短颈，溜肩，弧腹，平底。肩至腹上部模印一周缠枝花卉纹，印纹清晰。施青白釉，釉色泛青黄。口沿、外底露胎，胎呈白色。口径 4、底径 4.5、高 4.5 厘米（图五）。

青白釉堆塑龙虎纹瓶　1 对。盂形口，长直颈，长椭圆形腹，圈足外撇。颈部堆塑龙、虎缠绕，其间点缀日、月等纹饰，肩部塑凸棱一周，

图四　青白釉印花牡丹纹盒

其上贴塑立俑和伏听俑。尖顶高帽形盖，子口，盖沿平，鸟形纽。施青白釉，釉不及底，胎呈白色。口径 8、通高 49 厘米。

墓志　1 方。青石质，圭形。额题“宋洪氏墓记”，篆书，1 行。铭文楷书，21 行，满行 21 字。宽 44、高 75 厘米（图六）。志文如下。

恕室洪氏讳觉顺，其家自五季离乱，由丹阳徙南康之建昌，遂为邑人。族大而衍，孝友辑睦，六世不异爨。皇朝至道中，有讳文抚者，聚族数百指，孝弟为乡闾称。朝廷闻而嘉之，锡以宸翰，命其弟文举以官，又诏旌表以示龙光。室人则文举六世孙也。曾大父讳刍，为山

图五　青白釉芒口水盂

谷四生之一，登绍圣元年第，有诗名在江西派中，任朝散大夫、试左谏议大夫。大父讳枅，任朝散郎、知永州。父讳光谦，任文林郎、静江府观察支使。母双井黄氏。余始议姻，以大父与其外祖有同僚之旧。既归于我，营治生理中馈之事，靡不任责，略无倦吾力。天何啬其寿，世未半而賨倾，不余偕老，深有恨焉。生于绍兴庚辰，归则淳熙壬寅，死乃嘉泰甲子六月二十有二日，得年四十有五。子二人：次辙、次修，长生十三而幼八岁。室人生平有言：傥我前逝，君百年能同其茔，得近地迹勿疏，此我所望。追念旧言，负托匪义，故卜地于乐安邑东一里明城之原，直寅襟艮，虚正位为余觇窠。是年嘉平丙午，厝其柩于右，他时合丘则为一也。既封，叙其家世之详与其岁月之实，而寘诸和。若夫妇道母仪，皆非余所当书。发舒幽潜，犹在子孙贤否云尔。嘉泰四年十二月十有八日，詹恕书丹，杜志皋刊。

墓主洪觉顺，詹恕之妻，江西永修县人。生于南宋绍兴三十年（1160 年），卒于南宋嘉泰四年（1204 年），享年 45 岁，于当年十二月下葬。洪觉顺出身于以孝悌著称的洪氏望族，其先祖为洪文举，洪觉顺为洪文举之六世孙。曾祖父洪刍，是宋代以黄庭坚为首的江西诗派的重要诗人，有诗名而无显位。

墓志所载建昌即建昌县，东汉永元十六年（104 年）分海昏县置，以户口昌盛得名，治今江西奉新县西。南朝宋元嘉二年（425 年），移治今永修县西北艾城。东汉至隋，属豫章郡，唐属洪州，两宋属南康军。元元贞元年（1295 年）升为州。明初复降为县，属南康府。1914 年改为永修县。

（梅绍裘、李科友执笔，原载《江西历史文物》1983 年第 2 期）

图六 墓志

婺源县
南宋嘉定四年墓

1979 年，婺源县博物馆清理了南宋汀州知州汪赓、程宝睦夫妇合葬墓。墓为砖室合葬，位于太白公社石田村，系群众挖菜地时发现。经清理共出土器物 19 件，瓷器口沿多用银或铜包皮。程宝睦墓在古代曾被盗，随葬器物明显被扰乱。现分别介绍如下。

一　汪赓墓出土器物

青白釉刻划慈菇纹斗笠碗　1 件。碗呈斗笠形。大敞口，斜直壁下收，小圈足微内敛。器外光素无纹，内底有脐状凸起，内壁采用景德镇传统的“半刀泥”手法刻划野慈菇纹，纹饰清晰，纹样富有层次感。施青白釉，釉质纯正莹润，积釉处呈湖水绿色。圈足内露胎，有垫饼垫烧痕，胎质洁白细腻。口径 18.4、底径 3.5、高 6.1 厘米（图一）。

青白釉刻划莲瓣纹芒口碗　1 件。敞口，深斜弧腹，圈足。器内光素无纹，器外腹刻划三层仰莲瓣纹。施青白釉，釉质滋润，色微泛黄，有冰裂纹开片。口沿露胎，胎质洁白细腻。口径 18.2、底径 5.6、高 6.6 厘米（图二）。

青白釉六缺葵口碗　1 件。芒口，口沿为六缺花形，深弧腹，圈足。施青白釉，釉质莹润，有冰裂纹开片。口沿露胎，胎质洁白细腻。口径 17.2、底径 5.9、高 6.5 厘米（图三）。

青白釉刻划莲瓣纹盖碗　1 件。碗芒口，深弧腹，圈足。外腹壁刻划三层仰莲瓣纹。笠帽形盖，子口，茎纽，盖沿平坦，盖面弧拱。盖面刻划三层覆莲瓣纹。施青白釉，釉质莹润明亮，釉色白中闪青。碗口沿、盖子口处露胎，胎质

图一　青白釉刻划慈菇纹斗笠碗

图二　青白釉刻划莲瓣纹芒口碗

图三　青白釉六缺葵口碗

图四　青白釉刻划莲瓣纹盖碗

洁白细腻。造型优美，制作精良。口径 13、底径 5.9、通高 11.4 厘米（图四）。

青白釉唇口碟　1 件。平口，凸唇，弧腹，平底微凹。器内施青白釉，有细碎冰裂纹开片；器外除口沿处稍有流釉外，外壁大部及底无釉露胎。胎呈白色，胎质较粗。口径 8、底径 2.8、高 1.7 厘米（图五）。

吉州窑黑釉盏　1 件。口微敛，深弧腹至底渐内收，矮圈足。器外腹旋轮纹拉坯痕明显。施黑釉，釉色柔和，口沿釉薄呈酱褐色，口沿处釉稍有剥落。圈足露胎，胎呈米黄色。制作规整，造型古朴。江西吉州窑烧造。口径 11.4、底径 3.8、高 6.2 厘米（图六）。

八眼抄手端砚　1 方。长方形抄手式，采用端溪石制成，色紫。淌池斜面自然，砚堂三眼，砚池刻有一眼石柱，砚背刻有四眼石柱。造型简朴。长 19.9、宽 11.4、高 3.2 厘米（图七）。

墓志　1 方。南宋庆元六年（1200 年）迁葬时上部损坏，优质龙尾歙砚石质。隶书。26 行，满行 28 字。残宽 79、高 95 厘米。志文如下。

有宋汪公汀州圹记

有宋通直郎、知汀州汪公，以淳熙戊戌十二月九日卒于州之正寝。弟庸拊膺恸哭，痛念先人之后。聿兄起家至二千石，且骎骎乡用，以增光前休。何天敚之速邪！沥泣抆涕勉毕，含襚护柩以归。先远忒期，谨即生平大概，纳诸墓隧。呜呼！其尚忍之。公讳赓，字子载，徽之婺源人。曾大父叔渐，奉议郎。大父蹈，右宣教郎。父利和，左朝奉郎，赠朝请郎。母王氏，封太安人。公幼颖悟，日诵千言，力学敏识，大父深器许之。遭朝请丧，服除，用遗泽补将仕郎。铨闱优中，授右迪功郎，调邵武军建宁尉，部饶、信钱纲。循修职郎，以获强盗赏，改承奉郎，授广德军签判。转承事郎、知吉州永丰县。转宣议郎。赈济有劳，特旨转宣教郎，以功分选知汀州，转通直郎。自尉擒盗，休有显绩。佐幕府，州倚以为重。括逃阁田二千三百顷，减月桩钱二万缗。永丰桥以水败，岁以旱告。拯灾救饥，全活不可胜数。在汀才八阅月，推正户版二万，复税籍万；奏还抚、建昌易绵绢银六千两，未报。公居官不拘多类此。遇事敏明，剖断精允，有剬剧才。吏畏其威，民怀其德，士夫服其廉，皆以章章在人者。迨公之卒，民哭之如父母。丧车所过，无不涕洟，此非出于矫拂勉强也。于书无所不观，所为文章，卓有典则。治家严整，内外无闲言。孝慈友爱，乐振人之急，成人之善。从祖兄庢亡，家失所依，为嫁其女，字网孤寡妹；子幼，取而鞠之，须成立乃听去。一日语家人：以自少年苦立门户，言甚悉。亡几何，宴郡丞，终坐不一语乱，返室未安而逝，年四十有七。娶程氏，尚书瑀之女。男五人：鍒、輗、轾、軝、輹。孙女一人。将以明年十一月壬申，奉公葬于家山之阳。呜呼！天道之不可致诘也。畀人以才德如此，乃于寿奚固啬之。因其所已为，交其所未为，使天假之年，讵只是今已矣，尚何言。独念太安人春秋高，

图五　青白釉唇口碟

图六　吉州窑黑釉盏

图七　八眼抄手端砚

方公无恙时，被锡类之庆，大合燕乐，以侈君恩。取纶綍寿喜之语名其堂，以奉彩戏，顾愿昆弟班申。此乐未艾，岂料兄乃溘先朝露，不克终养。使垂年之母，归扶其丧，葬临亓穴，天伦之爱，痛当何如。行实之详，有郡丞冯君世显之状，待求立言君子为之志。姑崖爵里官伐，埋于盘龙坞，千秋之后，陵谷易处，庶知其为汪汀州之墓云。

弟庸拜手谨书。

庆元六年岁次庚申，卜不协吉，以是年十月壬寅改迁于此。孤子鞣等泣血书。

墓主汪赓，字子载，江西婺源人。历官建宁县尉、广德军签判、知永丰县、知汀州。卒于南宋淳熙五年（1178 年），终年 47 岁，葬于南宋淳熙六年（1179 年），南宋庆元六年（1200 年）改葬。撰书者汪庸，江西婺源人，为墓主之弟。光绪《婺源县志》卷七载：“汪庸，城西人。太学待补，以就业学宫，遂世居学右。”

二　妻程宝睦墓出土器物

青白釉刻划慈菇纹扣银斗笠碗　1 件。斗笠形。大敞口，斜直壁下收，小圈足微内敛。器外光素无纹，器内壁采用景德镇传统的“半刀泥”手法刻划野慈菇纹，纹饰清晰，纹样富有层次感。口沿扣银，碗心呈脐状凸起。施青白釉，釉质纯正莹润，积釉处呈湖水绿色。圈足内露胎，有垫饼垫烧痕，胎质洁白细腻。口径 18.4、底径 3.5、高 6.1 厘米（图八）。

图八　青白釉刻划慈菇纹扣银斗笠碗

青白釉刻划荷叶纹花口碗 2件。器形相同，一大一小。荷叶形花口，深弧腹，圈足微内敛。器外光素无纹，器内刻划荷叶纹，脉络清晰，简约流畅。施青白釉，釉质温润。圈足内有垫饼垫烧痕，胎质洁白细腻。器形优美。一件口径19.8、底径5.9、高7.1厘米，另一件口径19、底径5.2、高6.2厘米（图九）。

青白釉芒口薄胎碗 1件。芒口，深弧腹下收，圈足。全器光素无纹。施青白釉，釉质晶莹剔透。口沿露胎，胎质洁白细腻。胎体轻薄，造型优美。口径15.6、底径6.2、高8.4厘米（图一○）。

青白釉汤鼓 1件。芒口，溜肩，浑圆腹，大圈足微外撇。器身上部刻划一周暗花边。笠帽形盖，子口，盖沿平坦，盖面弧拱，柱形纽。施青白釉，釉质滋润，釉色青白闪灰。圈足内有垫饼垫烧痕，胎质洁白细腻。胎体厚重，造型古朴。口径12.1、底径7.5、通高15.8厘米（图一一）。

青白釉芒口花形碟 3件。器形、大小相同。六瓣花形。芒口，六瓣瓜棱弧腹，瓜棱相连处呈外凹内凸状，平底微内凹。施青白釉，釉质滋润白净。口沿露胎，胎质洁白细腻。造型小巧新颖，别具一格，为宋代仿银器器形。口径9.1、底径6、高1.8厘米（图一二）。

建窑黑釉扣银盏 1件。平口，深弧腹，圈足。口沿扣银，施黑釉不到底，釉层较厚，釉亮如漆，胫部有垂流积釉现象。胫部至底露胎，胎呈黑灰色。胎体厚重，属斗茶器皿，为福建建窑烧造。口径12.6、底径4、高7.3厘米（图一三）。

图九　青白釉刻划荷叶纹花口碗

图一〇　青白釉芒口薄胎碗

图一一　青白釉汤鼓

图一二　青白釉芒口花形碟

六瓣葵花形铜镜　1件。六缺葵式，镜背光素无纹，中部置一小纽（图一四）。

墓志　1方。楷书。17行，满行12字。宽123、高26厘米。志文如下。

有宋孺人程氏埋文

先妣孺人程氏讳宝睦，饶之浮梁人，龙图阁学士、兵部尚书、赠少保瑀之女。宫保公在靖康为名臣，诸女遴择所归。未笄，归于先考临汀府君。处己待物，皆合壶则。有以缓急告者，随分量施与不吝。先君升朝，受初封。迨先君早逝，孀居三十年。悟乘除之理，事不如意，泰然不以婴怀。寝疾却药，至终不乱。嘉定三年十二月十五日，奄然而逝，年七十有九。诸孤遵治命，以明年正月十二日，附于石田先君之墓。子五人：铢、锐、轻、軝、輹。孙男十一人。孙女十人。

孤哀子汪铢等泣血谨志。

图一四　六瓣葵花形铜镜

墓主程氏，江西浮梁人，汪赓之妻，为兵部尚书程瑀之女。卒于南宋嘉定三年（1210年），享年79岁，嘉定四年（1211年）葬于汪赓墓右侧。程瑀（1087 ~ 1152年），字伯宇，号愚翁，江西浮梁人。历官太学博士、秘书省校书郎、兵部员外郎，高丽使臣回国，奉命为送伴使，旋奉使金国。北宋靖康年间历官左正言、光禄少卿、国子司业、直秘阁、太常少卿、给事中、知抚州、知信州、龙图阁学士、兵部尚书。著有《饱山集》。撰书者汪铢，为墓主程氏之长子。

图一三　建窑黑釉扣银盏

墓主程氏之家乡浮梁县，唐天宝元年（742年）改新昌县置，属鄱阳郡。因溪水常泛溢，居民伐木为梁得名。所产瓷器名闻中外，又盛产茶。唐白居易《琵琶行》记载："商人重利轻别离，前月浮梁买茶去。"

（詹永萱、詹祥生执笔，原载《中国陶瓷》1982年第7期）

樟树市
南宋宝庆三年墓

1965年3月，在清江县（今樟树市）薛溪公社槎市大队发现南宋墓两座（第一、二号墓），群众将出土文物送交清江县博物馆。该馆与江西省文管会的同志曾到现场调查，据在场群众谈，两墓系各自独立的砖室墓，但以合墓的形式连在一起。周围用巨石垒起，外面用砖叠砌，顶部则盖石板。女墓为南宋嘉定四年（1211年）周氏墓，男墓为南宋宝庆三年（1227年）王宣义墓。两墓出土器物有的已混，现介绍如下。

青白釉堆塑龙虎纹瓶 2对。一对出土于女墓中。盂形口，颈、腹修长，圈足外撇。颈部一瓶贴塑13个立俑和一条龙纹，另一瓶贴塑12个立俑和一只虎纹，其间贴塑小蛇穿行于日、月、云之间。肩腹部相接处饰凸棱一周，其上塑一周荷叶边形附加堆纹，两者间贴塑横S形纹。配高帽形盖，盖沿平坦，圆柱形纽，周边匀称塑三组竖S形纹，每组5个，顶端立一鸟作展翅欲飞状。施青白釉，釉呈乳白色，聚釉处呈湖水绿色。盖内、口沿、胫部至圈足露胎，胎质洁白细腻。整器贴塑图案构思丰富，尤以S形纹为其主要装饰特点，是宋代葬制中“明器神煞”的缩影，是研究我国古代葬俗不可多得的实物史料。口径7.9、底径7.9、通高65.4厘米（图一）。一对出土于男墓中。盂形口，长颈，长椭圆形腹，圈足外撇。口沿下堆塑绳纹一周，下有四个均匀排列的环形系。颈部分塑龙、虎缠绕，上下祥云分托日、月，并有朵云、朱雀、鹿等相衬，武坐俑与文立俑分塑其上。肩部塑凸棱一周，其上贴塑立俑12个，中以戴幞头的伏听俑和朵云相隔。盖呈笠帽形，盖顶有覆仰相对的莲花座，上立一栖息状鸟。有四凸棱把盖身分为四格，每格内饰祥云一朵。沿四凸棱至口沿处有四环形系，和瓶口沿下系相对应。施青白釉，有冰裂纹开片。器内、圈足内、盖内露胎，胎质洁白细腻。口径8.2、底径11.9、通高86.5厘米（图二）。

青白釉芒口碟 1件。敞口，浅斜腹，平底。施青白釉，釉色泛白，釉质莹润。口沿露胎，为覆烧所致，胎质洁白细腻。出土于男墓中。口径9、底径7.1、高1.7厘米（图三）。

青白釉菊瓣纹盒 1件。缺盖。子口，浅弧腹，平底内凹。胫部满饰菊瓣纹。施青白釉不及底，釉色泛青，有细碎冰裂纹开片。口沿、胫部至底露白胎，胎质不甚细腻。出土于男墓中。口径6.4、底径5.2、高3厘米（图四）。

图一　青白釉堆塑龙虎纹瓶

图二　青白釉堆塑龙虎纹瓶

图三　青白釉芒口碟

图四　青白釉菊瓣纹盒

石砚　1方。砚石青黑扁平，呈四方圆角形。两面各刻有一砚，一面砚边较窄，砚面微凹，砚边较小；另一面砚形似未刻完，砚边较宽，砚池较大。长10.6、宽8.3厘米。

铜镜　2件。一件为六棱菱花形，凸缘，带柄，柄呈长条形。背面中央有长方形“建康□□家工夫□□”铭文，分两竖行排列。直径11.5、柄长9.5厘米。一件为六弧凸边，半环形纽，素面，已残。残径12.5厘米。

铜钱　113枚。计有：唐代的开元通宝、五代的唐国通宝和北宋的太平通宝、淳化元宝、景德元宝、祥符通宝、天禧通宝、天圣元宝、景祐元宝、皇宋通宝、嘉祐通宝、治平元宝、熙平元宝、元丰通宝、元祐通宝、绍圣元宝、元符通宝、圣宋元宝、大观通宝、政和通宝、宣和通宝等21种。钱铭分有篆、隶、瘦金、楷、行五种书体。

王宣义地券　1方。青石质，圆首长方形。额称“有宋王公宣义地神券文”，楷书，分五竖行排列。券文从右向左，写刻，楷书，20行。宽49、高84厘米。券文如下。

维皇宋宝庆三年岁次丁亥九月丁丑朔越二十一日丁酉，孤哀子王晟、道昌、昱、冔，敢昭告于灵槎山之东黄家旧宅园之神。晟等昔观汉之夏侯婴，尝驾至东都门，马跲地不前，使人掘地得石椁，书之曰：“佳城郁郁，公居此室。”婴叹曰：“天乎，吾死其安此乎。”因是而知人之归封，皆有定所，非偶然者。我先考百七宣义，存日讳德秀，字季洪，于嘉定辛未年，亲择兹土，营建幽宅。已于是年十一月吉日，奉我先妣周氏三孺人灵柩，安厝于旁。尝曰：“乐哉斯丘，我死，其同归焉。”其地自西龙山来龙摆拔起伏，有骨有脉，坐癸向丁，前有池水，清澈如镜。横小洲以为案，案之外复绕以槎溪。弓城之水，明堂广阔，万马可容。左右山势回环拥顾，阴阳家云，是为吉壤。我先考生于绍兴壬申九月九日，殁于宝庆丙戌九月朔日，享年七十有五。今龟筮协从，晟等谨遵治命，奉先考之柩而合葬焉。窃惟先考平日勤谨谦和，雍容儒雅，事亲以孝，接物以仁，乡里称为善士。今考终，永新令尹张公洽为志其墓，善言善行备见乎辞，制帅李公鼎为书其碑，宫使汤公琇为题其额，皆所以表我先考为人之贤也。谅神亦知之素矣。自今以往，惟冀黄家旧宅园土地之神，与夫山伯土君，四围神将，常切守护，而呵禁其不祥，使我考妣二灵得以安休于此。以利益子孙，则春秋祭祀，神亦与飨之。永永无穷，亦以障神之休德云。谨券。

周氏地券　1方。青石质，长方形。券额楷书“有宋周氏地券”，券文从右向左，14行。宽32.5、高40厘米。券文如下。

维皇宋嘉定四年岁次辛未十一月己酉朔越十有一日己未，夫王德秀谨告白于本里灵槎山之东黄家旧宅园之神：亡室周氏，生于绍兴己巳之十一月，卒于嘉定四年之正月。今择兹土，营建幽宅。其地西兑山，行龙坐癸向丁。前有方池，水光如镜。横小洲以为案，隔案之外，复有槎溪港。弓城之水左右，山势回环拥顾。龟筮协从，谓为吉壤。切惟兴役动土，斩草伐木，此固人所得，而杜绝所得而防闲。至于魑魅魍魉，邪祟妖怪，非人所能止戢，所能诛殛。敢丐明神，自今以往，守护此山，呵禁不祥，非惟存没受赐，乃所以彰神之休德。谨券。

根据两方地券记载，女墓主周氏和男墓主王宣义为夫妻，江西清江（今樟树市）人。周氏生于南宋绍兴十九年（1149年），卒于南宋嘉定四年（1211年）正月。男墓主王宣义，讳德秀，字季洪，生于南宋绍兴二十二年（1152年），于嘉定四年（1211年）十一月葬其妻周氏。而他本人则卒于南宋宝庆二年（1226年）九月，享年75岁，葬于南宋宝庆三年（1227年）九月。两墓前后相隔16年。王宣义地券为张洽志墓，李鼎书碑，汤琇题额。张洽（1160～1237年），字元德，号主一，南宋嘉定元年（1208年）进士，今江西省樟树市大桥街道彭泽人，南宋著名理学思想家，著有《春秋集注》、《春秋集传》等书。《宋史·张洽传》未载其任永新知县年份，该地券可补此缺。汤琇（生卒年待考），字君宝，南宋淳熙十四年（1187年）进士，今湖南浏阳人。官至大理少卿、直徽猷阁，为人耿直，有“清风峻节”之誉，因而多次遭贬提举宫观，即文中所称“宫使”，《宋史》卷四一一有传。李鼎，履历未详，他时任“制帅”，即制置使，当是驻在临江军的军事长官。

（薛尧执笔，原载《考古》1965年第11期）

德兴市
南宋绍定三年墓

1988 年 5 月，德兴县（今德兴市）香屯乡叶家村村民在工厂附近挖房基时，发现古墓一座。德兴县博物馆接到报告后，立即派员前往现场调查清理。叶家村位于县城北 3 公里处，靠乐平、婺源县境。墓地坐落在村北白湖山凹地，墓室坐西朝东。墓葬为券顶双室合葬墓，用素面青砖砌成，四方青灰砖铺地。原有两块正方麻石封闭墓室，上面又有一条长形麻石扣住墓门石。墓室现场已破坏，室内随葬器物已全部取出，器物存放位置和葬式无法考究。墓室内渗透一些黄色朽粉土，推测是棺椁的痕迹，仅见十多枚已锈烂的铁钉和一些黑色的棺面漆皮。出土器物主要是一批胎色灰白的素烧瓷俑，有武士、文官、童子、舞人、四灵、十二生肖和动物等，还有一些无头或无身的断体动物和一件堆塑龙纹盖瓶残片。在泥土表面还发现了一些腐蚀锈了的钱币。该墓伴出墓志一方，有纪年可考。出土器物均放置于墓穴的前端，现将较完整的器物介绍如下。

老翁坐俑　1 件。俑实心，呈坐姿。大耳，双眼圆睁，面露微笑，下颚胡须浓密，呈三角形。头带双环形耳筒帽，身着交领窄袖长袍，腰系带，胸前系蝶形结，双手拢袖，置于膝上。脚穿高鞋，端坐于圆榻之上。帽子、眼珠、胡须、蝶形结及腰带施黑彩。坐俑仪态安详，显得持重、精明。高 17 厘米（图一）。

图一　老翁坐俑

图二　文吏俑

图三　武士俑

文吏俑　1 件。俑实心，作侍立状。眼微睁，嘴张开，满脸笑容，面目清癯和善，留满须，神态生动传神。头戴幞帽，帽顶后方有高高的山墙，身着圆领宽袖长袍，腰系革带，前垂大带，脚穿高靴，双手执笏于胸前。器身施红彩，惜红彩大部分已脱落。高 17.8 厘米（图二）。

武士俑　1 件。俑实心，坐于石凳上。武士脸庞丰满，长眉，双眼圆睁，斜侧目视右方，高鼻咧嘴，神态笃定自若。头戴缨头盔帽，身着铠甲披肩，脖子和胸前束∞形结带，脚穿靴。左脚自然下垂，右脚盘曲紧靠左膝搁石凳上。左手放左膝上，右手执钢鞭（鞭头缺损）平放于翘起的右腿上。眼珠及钢鞭把手处施黑彩。高 16 厘米（图三）。

十二生肖俑 20件。12件一套（图四），另一套缺4件（龙、鼠、虎、猴各1件）。头为兽首（鼠、牛、虎、兔、龙、蛇、马、羊、猴、鸡、狗、猪），塑成十二生肖形象。服饰有两种：一种身穿圆领宽袖长袍，另一种内穿长袍，外着宽袖对披。腰系带，前垂大带，脚穿翘头尖靴，双手均执笏板于胸前作侍臣状。模印成型，单体直立，身首连体烧造，不可活动。大多施红彩，惜红彩均已剥落褪色，个别俑眼珠、领口或袖口施黑彩。胎体厚重，大都中空，底部有少数留有不规则小洞孔。造型比例得当，神态逼真，惟妙惟肖。高15～17厘米（图五、六）。

图四　十二生肖俑

图五　十二生肖俑

图六　十二生肖俑

图七　童子俑

童子俑　1件。俑实心，呈立姿。束发绾髻，外罩荷叶形小凉帽，上垂两长带分置肩两侧。外穿卷袖小披，内系衬裤，脚穿翘头尖鞋，双手抱掌于胸前。服饰线条刻画栩栩如生，有棱有角。孩童稚气未脱，面颊饱满，大耳，双眼圆睁，神态可爱。眼珠施黑彩。高8.5厘米（图七）。

伏听俑　1件。缺首。双膝跪地，上身下伏，身着长袍，露双脚。长9.3、高3.6厘米。

舞人俑　2件。因缺首而无法辨其性别。身披对襟长衫，一俑衣衫敞开，双手藏于袖内；一俑宽袖，腰束同心结带。右手翘手腕，举置头前，左手下垂侧于身边，腰肢微扭作舞蹈状，脚穿高靴。全身绘红彩，惜红彩大部分已脱落。残高7.8厘米（图八、九）。

仰佛俑　1件。俑身齐腰断缺。俑仰卧傲首，圆脑袋，脸盘丰满，大耳垂肩，双耳孔相通，神态慈祥。着星云大袍，原红彩已脱色。残长9、高6厘米（图一〇）。

图八 舞人俑

图九 舞人俑

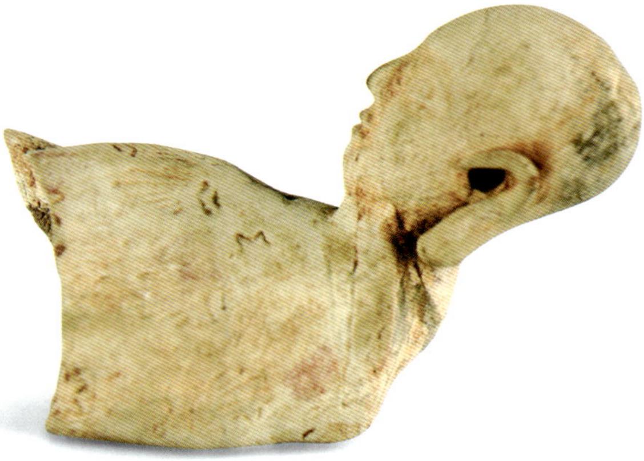

图一〇 仰佛俑

图一一 青 龙

图一二 白 虎

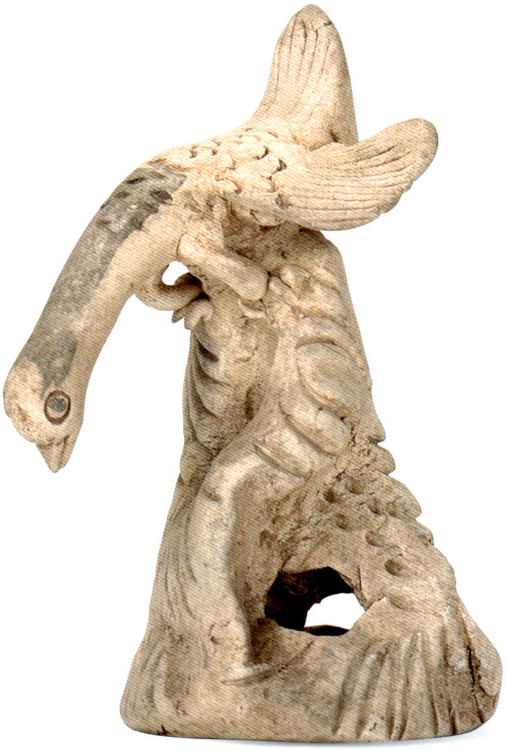

图一三　朱　雀

图一四　朱　雀

青龙　2件。其中一件断损。龙昂首右望，伸颈，怒目，咧嘴，拱背蹬爪，伸尾，作腾云驾雾状。背生鳍，全身披鳞。雄壮有力，威猛无比。眼珠点施黑彩。长13、高9.2厘米（图一一）。

白虎　1件。身躯瘦长，略似龙形。仰首左望，双眼圆睁，龇牙，伸颈，拱背，前腿和右后腿着地，左后腿抬起，尾巴卷曲，作飞奔状。身上点施黑色彩斑。长10.8、高7.5厘米（图一二）。

朱雀　3件。雀立于山石之上，引颈俯视，展翅，翘尾。形象生动，栩栩如生。羽毛刻划而成，刀工简洁有力。颈部施有黑彩。高12厘米（图一三、一四）。

玄武　1件。龟匍匐于地，作爬行状。伸颈，昂首，瞪眼左望，四足显露，尾巴上卷贴于臀部。背上贴塑一蛇，蛇曲体傲头，盘踞龟背（蛇头有缺损）。龟背、龟脚、龟肚纹饰刻划而成，刻痕较深，简洁有力。龟眼点施黑彩。长9.1、高4.6厘米（图一五）。

图一五 玄 武

图一六 母 鸡

图一七 公 鸡

图一八　鱼

鸡　2 件。一公一母，作蹲伏状，其中母鸡蹲伏于圆柱形底座上。鸡伸颈，昂首，双眼圆睁，展翅，翘尾，呈警觉状。身上羽毛刻划而成，刀法简单有力。眼睛点施黑彩。母鸡高 8.4、公鸡高 5.5 厘米（图一六、一七）。

犬　1 件。形如今日家犬。昂颈回首，系响铃项圈。制作精致，形象生动逼真。长 7.5、高 6.3 厘米。

鱼　1 件。嘴微张，双眼圆睁，背有鳍，尾巴上翘，作游摆状。通体刻划鱼鳞纹，眼睛点施黑彩。长 7.4、高 4.9 厘米（图一八）。

堆塑龙纹盖瓶　1 件。只留 3 块残片和碟形盖 1 件。两片为瓶颈肩处，堆塑有一条龙纹，龙有角、有眼、有鳞纹。另一片为瓶身，刻划有莲瓣纹。瓶为白胎，胎体较薄，外壁无釉，内壁为黄白釉，有细小开片。碟形盖完整，也为黄白釉，小开片。碟形盖直径 6 厘米，据残片推测堆塑龙纹瓶高约为 21 厘米。

铜钱　8 枚。开元通宝 2 枚，太平通宝、皇宋通宝各 3 枚。

墓志　1 方。青石质，长方形。额有阴刻篆书“宋故将仕蓝公之墓”，分两竖行排列。志文楷书。12 行，满行 25 字。宽 35、高 65 厘米（图一九）。志文如下。

公讳文蔚，字彦章，饶之德兴县尽节乡化龙里湖山人也。公生于绍兴戊辰二月二十七日亥时，娶里中王氏。男六人，榑、械、梓，梓蚤世，准出继，彬、鉴，皆植学；女一人，适康山进士戴次胄。孙男十人：田玉、迁、瑞、焱、廷坚、大圭、荧辉、焕、熠、炜；孙女十人。曾孙男二人：咼、立；曾孙女六人。王夫人先公三年卒，卜地于里之峡山，就营双穴。绍定庚寅暮春下旬之六日，忽梦更衣

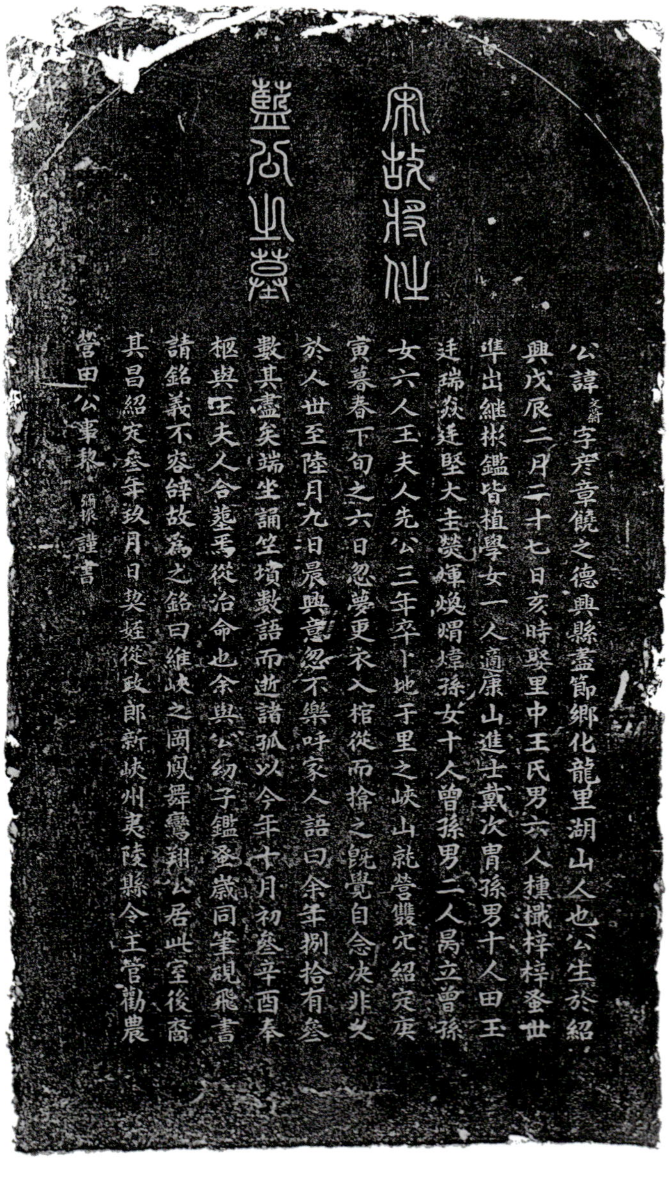

图一九　墓志拓片

入棺。从而揜之，既觉自念决非久于人世。至陆月九日晨，兴意忽不乐，呼家人，语曰：“余年捌拾有叁，数其尽矣。”端坐，诵竺坟数语而逝。诸孤以今年十月初叁辛酉奉柩与王夫人合葬焉，从治命也。余与公幼子鉴，蚤岁同笔砚，飞书请铭，义不容辞，故为之铭曰：

维峡之岗，凤舞鸾翔。公居此室，后裔其昌。

绍定叁年玖月日，契姪从政郎、新峡州夷陵县令、主管劝农营田公事黎弥振谨书。

此墓为夫妻合葬墓。男墓主蓝文蔚，字彦章，德兴县尽节乡湖山人（今德兴香屯柏垣一带）。卒于南宋绍定三年（1230 年）六月初九，享年 83 岁，与夫人王氏合葬于同年十月初三。据清同治《德兴县志》载，北宋熙宁间析乐平县地尽节乡隶于德兴县。湖山位于乐安河南岸，系宋代乐平通德兴官办渡口处，唐代福建蓝姓建村。蓝文蔚为将仕郎，宋时九品下阶文散官。将仕郎于北宋政和六年（1116 年）改称迪功郎，而将假将仕郎改为将仕郎，授予初与官而未入仕者，相当于试衔或斋郎。

墓志铭由从政郎、新峡州夷陵县（今湖北省宜昌市夷陵区，汉置县）令、主管劝农营田公事黎弥振于南宋绍定三年（1230 年）九月书。

（孙以刚执笔，原载《考古》1990 年第 8 期）

安义县 南宋淳祐九年墓

1977 年 1 月，安义县石鼻手工业社搞基建时挖出一座宋墓，他们没有及时报告文化主管部门，并擅自将出土的全部金器卖给安义县人民银行。事后，根据群众来信反映的情况，虽然将出土文物追回，但这批珍贵文物已受到很大损失。现将该墓的出土器物介绍如下。

青白釉鼓式四系罐　2 件。平口，粗长颈，微折肩，长鼓腹，圆饼足。颈肩部置两两相对的四管状系。施青白釉不及底，釉色泛青，有细碎冰裂纹开片。器内、胫部、饼足露胎，胎色灰白不甚坚致。口径 9.7、底径 8、高 18.7 厘米（图一）。

青白釉刻划缠枝卷叶纹梅瓶　1 件。平口，短直颈，丰肩，长腹上鼓下收，矮圈足。配杯形盖。除肩和近底部各饰弦纹外，腹部满刻饰缠枝卷叶纹，刀法流畅洒脱，具有浓郁的民间风味。施青白釉，瓶、盖釉质不一，瓶釉质纯正莹润，盖釉质较差，泛青灰色。足内、盖内露胎，胎呈白色。口径 3.3、底径 7.5、通高 23.4 厘米（图二）。

图一　青白釉鼓式四系罐

九曲金臂镯　1 对。臂镯现已变形、残断。臂镯上端为扁条形，其上捶压有花卉纹，金丝内平、外弧，螺旋状弯曲。重 375 克（图三）。

空心金发钗　5 件。钗头作圆形空斗状，錾压有花卉纹。其上焊接有花卉顶，下接两圆柱脚，近足尖处渐粗。钗足均有稍许变形。一件顶端已失，重为 8 克，其余完好的每件重 8.8 克。长 11.5 厘米，共重 43.2 克（图四）。

图二　青白釉刻划缠枝卷叶纹梅瓶

金发钗　2 件。形状、纹饰相同。近钗头部分为扁条状，上面錾刻有花卉纹，钗顶端为一菊花纹，在两足花纹尾处有三周凹弦纹及几何纹，往下由扁条状到四方条形再逐渐到圆形，距足尖约 5 厘米处两圆足渐粗，这种中间细而两头粗的形式更利于发钗的固定作用。一件稍短，长约 17.6 厘米，重 34.6 克，一足断；另一件长 18 厘米，重 31.2 克，一足残缺（图五）。

带链金狮　1 件。金狮昂首、卷尾、张口，呈卧伏状，颈上系一由金丝编织的带环链条。金狮为捶打焊接而成，底部有一钱形方孔，底板微凹变形，金链微变形，少许链丝已断。狮长 3.2、高 1.3、通长（带链）16 厘米，重 11 克（图六）。

镂空鸳鸯戏水金香囊　1 件。扁圆状，两面以子母口相合。采用錾刻和镂空技法制作：一面镂空作荷塘游戏图案，荷塘中两鸳鸯戏荷，荷下两鱼游戏；另一面镂空作钱纹。柱体外壁点线錾刻钱纹。缺挂钩。直径 4.2、高 1.5 厘米，重 21 克（图七）。

荔枝纹环形金饰　1 件。环形金片上点焊镂空三角形栏框，由五个饱满的荔枝斜着缠绕在金叶之间，组成二方连续图案一周。外径 2.6、内径 1.8、高 0.8 厘米，重 6 克（图八）。

金饰件　1 包，共 7 件，重 13.6 克。大致可分为三类：1 对镂空金片饰、4 件镂空花卉饰、1 件圆形花饰。镂空金片饰，现断为 5 截，单片原长 18.5、宽 1.6 厘米，共重 8.4 克。用

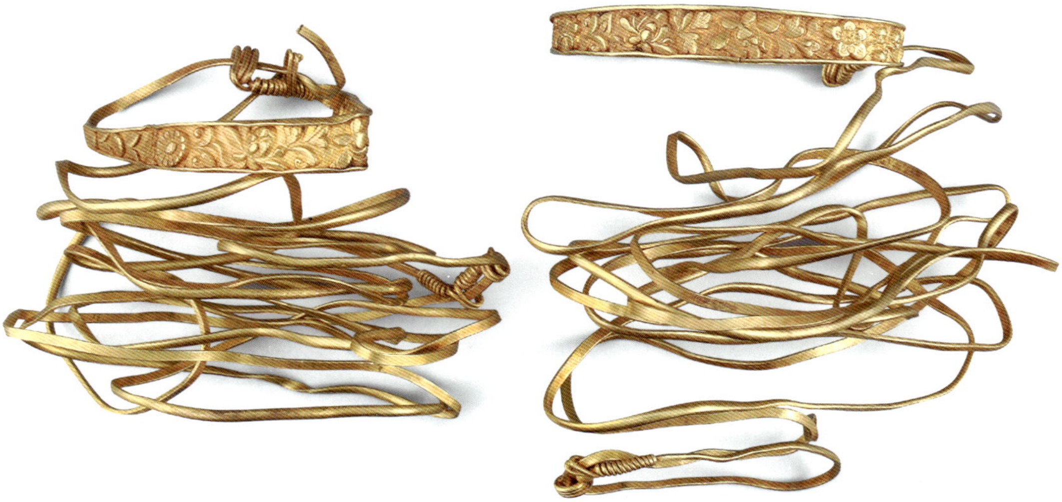

图三　九曲金臂镯

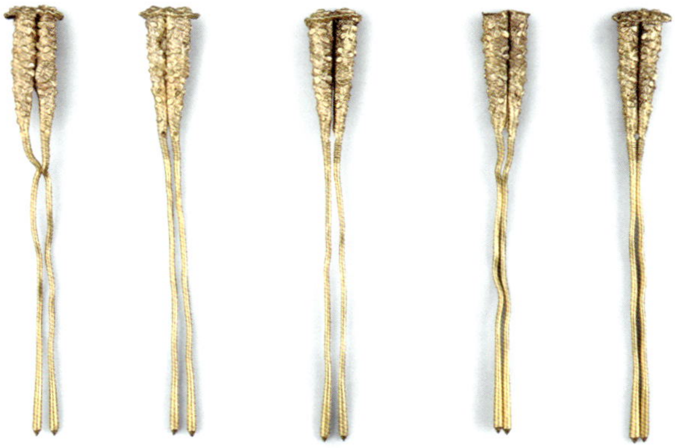

图四　空心金发钗

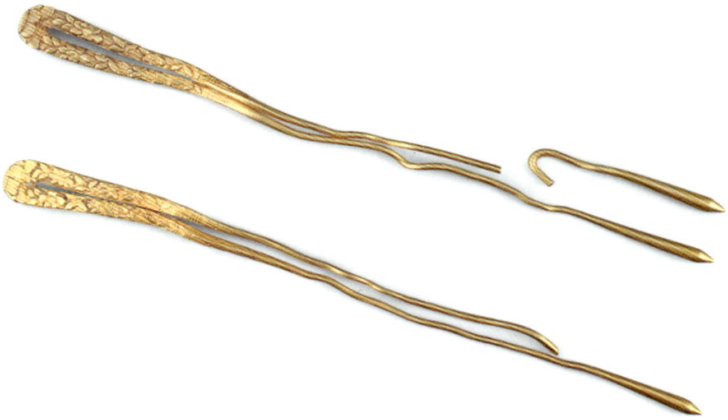

图五　金发钗

图六　带链金狮

图七　镂空鸳鸯戏水金香囊

图八　荔枝纹环形金饰

金片捶揲成长条形薄片，再镂空、錾刻出三列极为精细的花纹：中间一列为钱纹，两侧为心形纹饰，纹饰轮廓线条上都錾有凸点纹，两头未镂空处作尖丫状。镂空花卉饰 4 件，2 件大些，另 2 件较小，共重 4.2 克。4 枝花卉为金片镂空錾刻而成，花卉品名及形状各异，花叶、枝干的边缘都以錾刻的小凸点纹为轮廓线，这增加了花枝的立体感及强度。圆形花饰 1 件，直径 1.7 厘米，重 1 克。圆为 5 个心形相交的曲圆，圆中为一朵梅花，在心形图案及花中心部位都錾有小凸点纹，使花饰看起来有极强的立体感（图九）。

这批金饰品，造型生动，构图精巧，镂工细腻，反映了宋代劳动人民高超的手工技艺，是一批珍贵的古代工艺品。

松鹤仙人带柄铜镜　1 件。带柄，圆形镜面。镜背饰仙人手捧如意立于中央，两旁各有一侍妇，上方有一只鹤飞翔。周围衬以松树、花卉。素缘。长 24.6、径 13.3、缘高 0.3 厘米。

铜钱　若干枚。有太平通宝、熙宁元宝等。

墓志　1 方。已被砸碎。碑额为“宋硕人李氏圹志”。志文残缺。

硕人李氏……继室也。其先系出唐后，家广汉……彭、简、眉、合四郡，为蜀鸿儒……蜀溃，将及广汉，徙家……余二子，简，壬辰丙科进士，朝奉郎……前硕人……出，先卒。蘧，承务郎，前宣差衡州安仁县税，硕人虽所钟爱，未尝假以辞色……硕人生于……十一月初五日，卒于

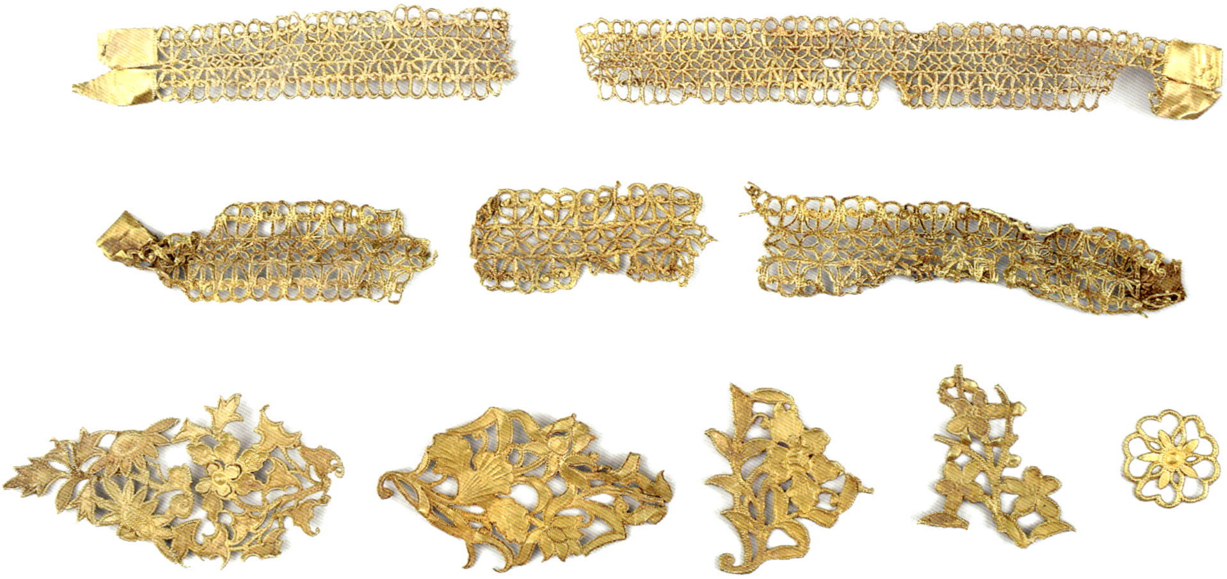

图九　金饰件

己酉六月十八日，葬以是年十月十七日，累封至硕人，视官从四品。姑叙其生平梗概……且志余悲也。

墓主硕人李氏，系“太中大夫华文阁待制提举隆兴府玉隆万寿宫渠江县开国伯食邑七百户杨恢”之继室。杨恢，字充之，号西村，四川眉山人，工于词，今存见于《绝妙好词》六首，见于《语溪集》一首，1262年前后在世。《江西通志》卷一一载：“杨恢，试兵部侍郎，知隆兴府兼江西安抚使。”《南昌府志》卷三〇云：“杨恢，嘉熙二年以试兵部侍郎仕，兼安抚使。”

硕人为命妇封号名，北宋政和二年（1112年）置，以赐侍郎以上官员之妻，元以来废此称谓。南宋己酉年有三个：建炎三年（1129年）、淳熙十六年（1189年）和淳祐九年（1249年）。从墓主之夫杨恢在世的时间为1262年前后来看，李氏卒于己酉年六月应为南宋淳祐九年（1249年）六月，于当年十月下葬。

（刘品三执笔，原载《文物工作资料》1977年第6期，总第72期）

东乡县
南宋淳祐十年墓

1958年，东乡县红星农场发现古墓，群众将出土器物送交江西省博物馆。现将主要器物介绍如下。

青白釉刻划莲瓣纹碗 2件。敞口，折沿，弧腹下收，圆饼足。器内刻划简笔花草纹，器外刻划双层仰莲瓣纹。施青白釉，一碗釉色泛青，釉质莹亮（图一），一碗釉色泛黄（图二）。圆饼足露胎，胎色灰白，胎体厚重。口径17、底径4.8、高6.2厘米。

青白釉印花双鱼戏水纹芒口碗 2件。芒口外敞，弧腹下收，圈足。器外光素无纹，器内底印有双鱼戏水纹，两尾游鱼同向在水中游弋，荡起圈圈涟漪。画工细腻，用笔流畅，形象生动。施青白釉，釉面有开片，一碗釉质纯正莹润（图三），一碗釉色泛黄（图四）。口沿、圈足露胎，胎呈白色，胎体较薄。口径15.5、底径4.4、高3.8厘米。

青白釉芒口碗 2件。芒口外敞，弧腹，圈足。全器光素无纹。施青白釉，釉色泛黄。口沿露胎，

图一　青白釉刻划莲瓣纹碗

图二　青白釉刻划莲瓣纹碗

图三　青白釉印花双鱼戏水纹芒口碗

图四　青白釉印花双鱼戏水纹芒口碗

图五　青白釉芒口碗

胎呈白色。口径13.5、底径4.8、高5厘米（图五）。

青白釉涩圈碗　1件。敛口，弧腹下收，圆饼足。施青白釉，釉色泛白。器内底有一涩圈，圆饼足露胎，胎呈白色，胎体厚重。口径15.2、底径4.6、高6.7厘米（图六）。

青白釉芒口小碟　1件。芒口外敞，斜腹下收，圈足。施青白釉，釉色泛黄，釉上有许多针眼。口沿露胎，胎色灰白，胎质粗糙。口径9.7、底径6、高2.5厘米（图七）。

青白釉圆形仓　2件。形状大体相同，大小不一。唇口，筒形腹微下收，圈足外撇。器腹饰柱状纹，一侧有假仓门，足上饰有柱基。盖为仓顶，呈笠帽形，上饰一道道瓦楞，上小下大锥体形纽。施青白釉，釉色泛黄。器内、圈足、盖内露胎，胎色灰白，胎质坚致。一件口径12.5、底径10.7、通高16.1厘米（图八、九），一件口径9.2、底径8.5、通高14.5厘米（图一〇）。

青白釉堆塑龙虎纹瓶　1对。盂形口，长直颈，长椭圆形腹，圈足外撇。口沿下有荷叶边形附加堆纹一周，下有4个环形系。一瓶颈部堆塑有青龙、玄武、朱雀、祥云托日、鹿及武坐俑，另一瓶颈部堆塑有白虎、朱雀、祥云托月、祥云、鹿及文立俑。肩部堆塑凸棱一周，上有持剑立俑12个，中部以伏听俑和朵云相隔。笠帽形盖，盖沿有4个环形系，和瓶口沿下系相对应。盖身有四柱，每两柱间饰有祥云，纽为仰、俯立鸟。施青白釉不到底，釉色泛青，有

图六　青白釉涩圈碗

图七　青白釉芒口小碟

图八　青白釉圆形仓

图九　青白釉圆形仓

图一〇　青白釉圆形仓

冰裂纹开片，釉稍剥落。器内、胫部、圈足、盖内露胎，胎呈白色。口径 9.3、底径 11.5、通高 78 厘米（图一一）。

青釉印花福寿铭扁瓶　2 件。长方倭角喇叭形口，颈微束，溜肩，扁腹，圈足。颈部对称饰卷云形耳，腹部两面对称有印花纹饰，六出开光内分别行书“福”、“寿”两字，周围有云纹环绕。施青釉，釉色泛黄。圈足足端露胎，胎呈灰色，胎体厚重。口径 7.8、底径 8、高 20.5 厘米（图一二）。

青釉芒口碗　1 件。芒口外敞，微折沿，器外口沿下内凹，弧腹下收，圈足。器外腹上部有两周凸弦纹。施青釉，釉色泛黄。口沿露胎，胎色灰白。口径 15.5、底径 5、高 5.3 厘米（图一三）。

黑釉芒口小碗　1 件。芒口内敛，弧腹下收，平底。施黑釉不到底，口沿、胫部至底露胎，

图一一　青白釉堆塑龙虎纹瓶

图一二　青釉印花福寿铭扁瓶

图一三　青釉芒口碗

图一四　黑釉芒口小碗

图一五　褐釉小水盂

胎呈灰色，胎体厚重。口径 7.7、底径 3.9、高 3.8 厘米（图一四）。

褐釉小水盂　1 件。器形小巧。平口，短直颈，丰肩，扁圆腹，圆饼足内凹。施酱褐釉不到底，釉有剥落。胫部至圆饼足露胎，胎色灰白。口径 4.7、底径 3.5、高 4.5 厘米（图一五）。

素胎陶罐　1 件。平口，折沿，颈微束，溜肩，弧腹下收，圈足。全器光素无纹，器腹有旋轮纹拉坯痕。素陶胎，胎色灰白，胎质粗。口径 9.2、底径 4.6、高 10 厘米（图一六）。

釉陶碟　4 件。敞口，斜腹下收，平底。器内口沿下施酱褐釉，口沿、器外露灰陶胎或灰

图一六　素胎陶罐

图一七　釉陶碟

图一八　素胎陶碟

红陶胎，胎质稍坚硬。口径 8.5、底径 5、高 2 厘米（图一七）。

素胎陶碟　1 件。敞口，斜腹下收，平底。素胎，胎呈红色，胎质粗松。口径 8.5、底径 5、高 2 厘米（图一八）。

墓志　2 方。一方为《黄广承事圹记》，黄亮撰，记载墓主黄广葬于南宋淳祐十年（1250 年）。宽 37、高 67 厘米。另一方为《黄广妻陈氏圹记》。

（资料现藏于江西省博物馆）

崇仁县
南宋淳祐十一年墓

1974 年，崇仁县白路公社发现古墓，群众将出土器物送交江西省博物馆。现将主要器物介绍如下。

青白釉圆形仓 1 件。平口，凸唇，筒形腹，圈足，足径大于腹径。器身饰柱状纹，一侧有活动槽板式假仓门，足上塑 13 个柱基。盖顶作圆形屋顶，上饰一道道瓦楞，上小下大锥体形纽，纽顶平。施青白釉，釉质莹润。盖内、器内下腹至底、圈足露胎，胎色灰白，胎质粗。此器是一种专为死者储存粮食的明器。口径 12、底径 10.3、通高 16.8 厘米（图一）。

青白釉刻划折枝莲纹芒口碗 1 件。芒口外敞，浅斜弧腹，内底平，圈足。器内腹六出筋把内壁分成六等份，内底有一周凹弦纹，弦纹内刻划一折枝莲纹，花纹不甚清晰。施青白釉，釉色泛米黄，釉质莹亮，有少量剥釉现象。口沿、圈足沿露胎，胎呈白色，胎质粗。口径 17.7、底径 5.4、高 4.1 厘米（图二）。

青白釉碗 1 件。敞口，微折沿，弧腹下收，圆饼足。全器光素无纹。施青白釉不及底，釉色泛青，釉质晶莹。胫部至饼足露胎，胎色白，胎质细腻坚致。口径 13.9、底径 4.3、高 14.5 厘米（图三）。

龙泉窑青釉盏 1 件。器形小巧精致。敞口，凸唇，斜腹下收，圈足。施青釉，釉呈粉青色，釉层厚，釉质莹润，有大开片。圈足足端露胎，胎色灰白，胎质细腻坚致。浙江龙泉窑烧造。口径 8.8、底径 4.1、高 2.1 厘米（图四）。

墓志 1 方。楷书。24 行，满行 40 字。宽 65、高 99 厘米。志文如下。

宋从事郎威武军节度推官赵公墓志铭

弟从政郎、新知信州永丰县、主管劝农营田公事兼弓手寨兵军正继伟撰，兄迪功郎、新监广州都盐仓继准书丹，亲末朝请郎、差充提领丰储仓所主管文字徐经孙填讳，年家弟朝奉郎、新除国子监簿万益之题盖。

公讳继盛，字子隆，胄出靖陵，世居保塞。高祖讳景悰，武翼郎、监潭州南岳庙。曾祖讳遵器，保义郎。祖讳端讯，不仕。父讳广文，迪功郎、建昌军南城县主簿。母吴氏。自高祖随龙南渡，流寓洪之丰城。暨祖就婚抚之崇仁西馆饶氏，因家焉。公天资通悟，学力精勤，丱角有成人态。岁在庚午，年才十四，较艺江右漕闱，旋以名贡。既而上春官不偶，砺志益坚，凡一再与计偕，登癸未进士第，补修职郎。寻以霈恩，转从事郎，初授隆兴府新建簿。丁先妣忧，再调贵州法曹。丁先考忧，服除，任

图一　青白釉圆形仓

图二 青白釉刻划折枝莲纹芒口碗

图三 青白釉碗

图四 龙泉窑青釉盏

吉之泰和尉。留心吏事，见知使长。时令尹缺，不以委他官，而委之尉。适赣寇陆梁逼近县境，公躬率士卒，严行警逻，仍乞兵于郡，备申于朝，分遣张侯提骑兵来戍，口劵浩瀚，公有调度方无乏兴患，贼亦相戒而去，一邑获全。若循彝例，宜预懋赏。公乃曰："此职分所当然也。"竟不言功，识者高之。次任豫章亚幕，太守兼领计台，公务猬集，牒送丝棼。公裁决无留滞，悉本理法。如聂文父死，母适于黄，及其亡也，不肯任送终之责，公遂责令与黄同共治葬。如龚旸殁而无子，有出嫁女二，在室女二；而婿甘其姓者，辄乃席卷家业。公遂照条尽行拘回，以三分给二女之孤，以一分命继。又如扬唐年子孙俱丧，孙媳妇刘氏，欺侮其老，告之有司，竟行检校，致使唐年有财不得自主。经府投词，公白之守曰："检校户绝法也，今祖尚在，盍归其财，听令为孙立后。"赞画如此，有补于风教也多矣。计使吴公子良，首以才荐。满秩谒铨，注三山节推。仅循故武进取，何其廉乎。佥谓不自大者，所以成其大；功名事业，方来未艾。岂意一疾，遽终于家。呜呼！天赋以才，而不假以年，哀哉！公生于庆元丁巳十二月丙申，卒于淳祐辛亥七月庚午，享年五十有五。娶李氏，生男一人，大琛，江西漕贡进士。女三人：长端娘，适南昌进士伍志道；次兴娘、洪娘，尚幼。是年十月甲辰，葬于新陂之原，去家仅半舍。归窆有日，重伤夫失手足之援，无以释予悲。谨摭其行实，以诏后裔，并采诗而为之铭。铭曰：

振振公子，邦之彦兮。尽瘁以仕，有誉处兮。宜其遐福，安且吉兮。曷维其亡，我心悲兮。有扁斯石，陟陂冈兮。克昌厥后，赫兮晅兮。

张明甫刊。

墓主赵继盛，字子隆，江西崇仁人，赵宋宗室。生于南宋庆元三年（1197 年），卒于南宋淳祐十一年（1251 年）七月，享年 55 岁，于当年十月下葬。撰文者赵继伟，墓主赵继盛之弟，据光绪《江西通志》选举表，为南宋绍定二年（1229 年）进士。书丹者赵继准，墓主赵继盛之兄，南宋宝庆二年（1226 年）进士，光绪《江西通志》作赵继大，误。填讳者徐经孙（1192 ~ 1273 年），字仲立，江西丰城人，南宋宝庆二年（1226 年）进士，官至翰林学士、知制诰，《宋史》卷四一八有传。题盖者万益之，江西南昌人，南宋绍定二年（1229 年）进士，历任国子监簿、知信州，同治《南昌县志》卷一〇有记。

志文所记陆梁农民起义军史事，约当南宋绍定、端平年间。据同治《赣州府志》，正有陈韡讨平陈三枪、张魔王农民起义的史实，且事在绍定、端平年间。《宋史》卷四一九《陈韡列传》载：陈韡镇压赣州农民起义军，袭破山寨，"张魔王自焚"，"擒贼将十二"，"三枪……就擒，槛车载三枪等六人，斩隆兴市"。志文记陆梁农民起义军为"赣寇"，且逼近泰和，似与赣州的陈三枪、张魔王领导的农民起义军有关，或为其中一支。

（该墓资料尚未公开发表，现藏于江西省博物馆）

樟树市
南宋景定元年墓

图一　青白釉圆形仓

1964 年秋，在清江县（今樟树市）窑山上开土方时发现此墓。随葬器物由民工交给清江县博物馆，后转江西省博物馆保存。现将出土器物介绍如下。

青白釉圆形仓　1 件。缺盖。唇口，筒形腹，圈足外撇。腹部堆塑竖棱 9 条，下腹部镂有一孔。施青白釉不到底，釉色泛白无光泽。器内、圈足露灰白色胎，胎质不甚细腻。口径 7.2、底径 7、高 7.2 厘米（图一）。

青白釉筒形盖罐　1 件。子母口，筒形腹微鼓，平底。配圆形盖，盖面微拱。全器素面无纹，器内接胎处有一周深凹弦纹。施青白釉不到底，釉泛淡绿色，有细碎冰裂纹开片，玻璃质感强。盖内、器内、胫部至底无釉露胎，胎呈灰白色，胎质较粗。盖内中央墨书楷书“丙午礼位”四字，分两竖行排列。根据墨书查知，“丙午”为南宋景定元年（1260 年）上推十四年的淳祐六年（1246 年）。因此，此器应是南宋淳祐六年的制品。口径 11.7、底径 10.3、通高 14 厘米（图二）。

青白釉堆塑龙虎纹瓶　1 对。平口，长直颈，长椭圆形腹，圈足外撇。口沿下有荷叶边形堆塑一周，颈部以稀疏弦纹为地，其上分塑青龙、白虎缠绕，上下点缀祥云分托日、月，并有鹿、朱雀、玄武及戴幞头的跪拜俑和戴风帽的男坐俑相衬。肩部堆塑凸棱一周，上立持剑立俑 12 个。施青白釉，釉不及底，釉色泛青，釉厚有玻璃质感，微开片。器内、胫部至圈足露胎，胎白坚致。配两龙泉青釉盖，盖子口，盖面稍鼓，其上刻饰莲瓣纹。釉层厚，一盖釉呈翠绿色，晶莹有光泽，有开片；一盖釉呈梅子青色，无开片。盖内沿露胎，胎色灰白，胎质细腻坚致。口径 7.8、底径 9、通高 69.4 厘米（图三）。

图二　青白釉筒形盖罐

图三　青白釉堆塑龙虎纹瓶

龙泉窑青釉盏 1件。敞口，凸唇，浅斜腹稍内收，圈足。施青釉，釉呈梅子青色，有冰裂纹开片，玻璃质感强。圈足沿露胎，胎色灰白，胎质坚致。浙江龙泉窑烧造。口径8.8、底径4.4、高3.5厘米（图四）。

青釉弦纹水注 1件。平口，短颈，斜溜肩，扁圆腹，圈足。肩一侧置弯曲流，流口高于注口。肩部饰两周弦纹，纹饰较为模糊。施青釉，釉色黄灰。口沿、圈足沿露胎，胎色浅红，胎质细腻。口径6.2、底径4.6、高5.5厘米（图五）。

菱花形铜镜 1件。六棱菱花形，凸缘，半环形纽。一侧铸有纵向双行铭文“湖州□□□念五□照子”。直径15厘米。

铜钱 若干枚。锈蚀，可辨认的有景德元宝、元丰通宝等北宋钱币。

墓志 1方。青石质。圆首方座，上部有一圆圈。楷书。18行，满行28字。宽42、高78厘米。志文如下。

妣韩氏夫人圹记

夫人姓韩氏，其先自太师冀国忠宪公，亿振其芳，八子有八龙之誉。司门公纲其长子也，其后赣守昭是为夫人曾王父。王父淳丞剑江，因家焉。生五子，次棣，生夫人。夫人生有淑质，乃祖父钟爱，益择对外。王父熊氏婿、先王父熊氏甥，俱笃亲好，且谓家君色庄而气和，齿稚而识老，读书举措异凡子，遂妻焉。夫人相家君几五十载，闺仪肃，懿行彰。众曰：贤先王父母寿庆时，夫人事舅姑，礼弥谨。伯父聚居，夫人处妯娌间无闲言，和气蔼如如一日。至如延师以训子，设醴以乐宾，生财以肥家，运工以筑室，夫人内助为多。待臧获尤恕，念贫窭尤惠。众美萃于一身，盖根于天性然也。生于庆元乙卯孟冬廿有四日，素少疾。丁巳秋疾，剧而瘳。是岁春，疾再作，药弗灵。二月廿八日终于正寝，享年六十有六。噫，德丰寿啬，非人子罪衅所招也。邪卜夏四月己酉，奉柩安厝于玉窑山之原。日迫不及，谒铭昭夫人令德，姑忍死述所闻见，内诸窾。是山艮山行龙，巽丙朝水，坐子向午。距家一里而近，山郁水抱，足以妥灵，后当有兴者。山君川后，宜益钟英孕奇，利佑我子孙。春秋祭亯，神亦永永无斁也。夫人生二男，公囦、公沇；一女，适同里扬三恕，再适高安陈升，皆儒家。孙男福生、寅孙、善孙，孙女婆女、兴悌、龙娘，俱幼。噫，二子六孙方娱侍，而夫人仙矣。千秋永诀，不可见矣。潸血有尽，此痛无已。呜呼已矣！

景定庚申夏四月己酉，哀子李公囦泣血百拜记。

墓主人韩氏，生于南宋庆元元年（1195年），卒于南宋景定元年（1260年）二月，享年66岁，于当年四月下葬。

（薛尧执笔，原载《考古》1965年第11期）

图四 龙泉窑青釉盏

图五 青釉弦纹水注

新建县
南宋景定四年墓

1980 年 3 月，新建县铁河垦殖场东峰大队的同志发现南宋墓一座。现将出土器物介绍如下。

青白釉刻划莲瓣纹碗 1 件。敞口，折沿，弧腹，饼足。器内腹饰一周凹弦纹，器外腹刻饰双层仰莲瓣纹。施青白釉，釉色泛青黄，釉面稀薄无光，外腹釉表有许多针眼状气孔。饼足露胎，胎色灰白，胎质粗糙。口径 15.5、底径 5、高 5 厘米（图一）。

青白釉堆塑龙虎纹瓶 1 对。盂形口，长直颈，长椭圆形腹，圈足外撇。口沿下塑荷叶边形附加堆纹一周，下置四个对称环形系，中空能穿绳。颈部分塑龙、虎缠绕，上下点缀祥云分托日、月，并有鸡、犬、鹿、马、玄武和凤凰等相衬，另有武坐俑及文立俑分塑其上，龙、虎头部和日、月均悬空。盖呈尖顶高帽形，上立一鸟，鸟尖长喙，伸颈。盖顶以直泥条均分四间，内饰祥云一朵，盖沿平坦，上置四个对称环形系，与口沿系相对应。施青白釉，器上半部釉质莹润，下半部釉质稍差。口沿、圈足内、盖内露胎，胎色灰白。此器堆塑纹饰较小，颈部空隙较多，布局稀疏，为此时特点。口径 9.7、底径 12.7、通高 87.5 厘米（图二）。

图一　青白釉刻划莲瓣纹碗

图二　青白釉堆塑龙虎纹瓶

图三　青釉灯盏

青釉灯盏　1件。平口，浅弧腹，平底，口沿一侧有扁平小把手。施青釉，釉色泛褐无光泽。口沿、外腹至底露胎，胎色灰白，胎质粗糙，器外腹修胎痕明显。口径9、底径4.2、高2厘米（图三）。

带柄铜镜　1件。直径9.5厘米，柄长8、宽1.7厘米。

葵形铜镜　半面。直径14.8厘米。

砚台　1方。

铜钱　数枚。已锈朽。

墓志　1方。青石质。圭形，两上角斜杀。楷书。12行，满行18字。宽26.5、高42厘米（图四）。志文如下。

宋故胡公竹溪居士圹记

公讳文郁，字焕甫，姓胡氏。生于皇宋嘉泰辛酉十二月廿捌日未时。幼而力学，长而治家，惟以勤俭二字为根本。值岁歉，领责救荒，务以治民为念。祖居简陋，庚戌春，翚然新之，至戊午公志遂矣。蒲望遐寿百年，天不从欲，壬戌秋感病数月，终于十月二十一日，享年六十有二。公娶熊氏，男一人，端中，媳妇高氏；女二人，长适进士熊仕龙，次适待补国学生邓景困。孙男二人，长顺，次元直。岁次癸亥十一月初七日，奉柩以葬于大龙山祖墓之东而不封，用古还山，葬遵治命也。次书于圹云。

景定四年十一月初七日，孝男端中泣血谨记。

据墓志记载，墓主人胡文郁，字焕甫，生于南宋嘉泰元年（1201年），卒于南宋景定三年（1262年），享年62岁，葬于南宋景定四年（1263年）。

（李放执笔，原载《江西历史文物》1980年第3期）

图四 墓 志

鄱阳县
南宋景定五年墓

1975年冬，鄱阳县磨刀石公社殷家大队群众在开荒时发现南宋石椁墓一座。该墓出土有大批瓷质“明器神煞”、生活用器模型和人物瓷戏俑等，均素胎无釉，胎色灰白；另有墓志一方。现介绍如下。

龙 1件。头缺。身卷曲盘旋而上，龙身刻划有鳞纹，龙脊贴塑而成。直径5.5厘米（图一）。

玄武 1件。龟首、蛇头残。蛇缠于龟背，龟四足立于花形平底座上。造型古朴，胎体坚致厚重。长8.8、宽7.3厘米（图二）。

人首龙身俑 1件。后半段缺。前半身为人形，后半身为龙体。人首无发昂仰，两手拢袖伏于地。龙身刻划有鳞纹，背部有鳍，中空。残长6.5厘米（图三）。

蛇 1件。头缺。身卷曲盘旋而上，尾置外侧，身上刻划有鳞纹。直径5.1厘米（图四）。

狮子 1件。狮呈立姿，昂首，嘴大张呈吼状，头部鬃毛后披，颈系铃铛，尾巴上卷，尾尖贴于背部。胎质坚致，体表粘有白色石灰。长11.5、高9.4厘米（图五）。

轿 2件。形状大体相同，一大一小。轿顶呈屋形，中央拱起，有X形交叉凸棱。轿两侧各有两环形小系，为插杆抬轿之用。轿内有座。

图一 龙

图二 玄 武

图三　人首龙身俑

图四　蛇

图五　狮　子

图六　轿

两轿体外涂有黑彩，轿内粘有白色石灰，胎体不甚坚致。小轿底座呈长方形，下有匀称排列的六个圆形柱，轿两边无窗。高 12.8、宽 7.6、深 5.2 厘米（图六）。大轿底座呈正方形，四角有匀称排列的四个圆形柱，轿两侧上方各有一窗。高 18、宽 7.6、深 7.4 厘米（图七）。

长方形屋　1 件。悬山式屋顶，长方形屋体。顶四角上翘，顶面刻划横竖弦纹成屋瓦。顶脊一端残，另一端鸱吻上翘，脊正中为仰莲，脊前面堆塑祥云及日。屋正面刻划有门，门上由下而上刻划楷书“一”、“二”、“三”、“四”和“五”字，背面无装饰，一侧镂有一圆形孔作窗。底平呈长方形。胎体坚致厚重。高 25.8、底 14.3×8.3 厘米（图八、九）。

图七　轿

图八　长方形屋正面

图九　长方形屋背面

图一〇 灶

灶 1件。灶身呈圆柱形，底座一侧圆弧，一侧方形。灶沿外撇，灶上有一圆球形物体，下部有灶门。体外施有黑彩，剥落较多，器内外粘有白色石灰，胎质坚致。长9、宽5.4、残高8.5厘米（图一〇）。

卷云形双耳小瓶 1件。器形小巧精致。平口，直颈，斜溜肩，弧腹下收，圈足。颈两侧有对称卷云形耳，一耳残缺不全，上腹部贴塑两周凸圈。素胎，胎色灰白。口径0.9、底径1.5、残高5.9厘米（图一一）。

敞口小瓶 1件。器形小巧。碟形口外敞，颈上细下粗，弧腹下收，饼足，器底有孔与器口相通。口径1.1、底径1.1、高3.8厘米（图一二）。

三足鼎 1件。器形小巧。平口，粗颈，丰肩，圆腹，下立三外撇粗柱足。肩部对称饰有两把手，把手残缺不全。口径1.9、高3.1厘米（图一三）。

花形盏托 1件。器形小巧精致。托、盏连为一体。浅碟形托，花形口，圈足。盏花口，腹较深，浑圆腹。口径2.8、底径2.1、高3厘米（图一四）。

圆形脚盆 1件。器形小巧精致。圆口，直腹，平底，内底宽平。外腹中部堆塑一周绳纹以加

图一一　卷云形双耳小瓷瓶

图一二　敞口小瓷瓶

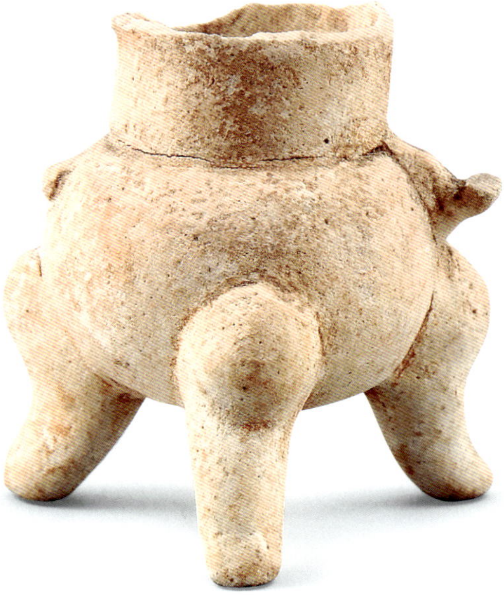

图一三　瓷三足鼎

图一四　花形瓷盏托

图一五　圆形脚盆

图一六　火　盆

固脚盆。做工细腻，形象逼真。口径 7.4、底径 7.4、高 1.8 厘米（图一五）。

火盆　1 件。器形小巧别致，形象逼真。平口，折沿，直腹，平底。盆内有盖罐、火钳和铲子，三样物件与火盆连为一体不能分开。罐平口，直颈，溜肩，浑圆弧腹，肩部有四系，系残缺不全；盖呈荷叶形，粘于罐口不能移动。铲子把手较长，上端塑成环形，以方便挂取。火钳上粗下细。口径 8.5、底径 7.2、高 5 厘米（图一六）。

持笏中年俑　1 件。体形高大，背微拱，中年模样。额前微露皱纹，大耳，高鼻，眼微睁，胡须浓密，长至胸部，面容丰腴，面带微笑，神态慈祥和蔼。头戴筒形帽，身着宽袖长袍，下露两脚尖，腰束革带，左侧露带头，双手持笏于胸前。中空，前后合模而成。体表涂有红彩，背后腰带施黑彩。胎体坚致厚重。高 37.5 厘米（图一七）。

图一七　持笏中年俑

图一八　捧物老年俑

捧物老年俑　1 件。体形高大，老年模样。头微向前，高鼻，眼下望，浓密胡须较长至胸部，额、下巴处皱纹较多，面目清癯，微露笑容，仪态安详，显得持重、精明。头戴乌纱帽，身着交领宽袖长袍，下露两脚尖，腰束带，双手捧物于胸前，物用花巾托住，惜物已残缺不能辨。中空，前后合模而成。帽子、衣领、腰带、袖口、衣服下摆施黑彩，胎体坚致厚重。高 33.9 厘米（图一八）。

拱手男俑　1 件。头微前倾，面容丰腴，大耳，睁眼，目视前方，胡须浓密，神态安详。头戴乌纱帽，身着圆领宽袖长袍，下露两脚尖，腰束带，双手拱于腹前。中空，胎质坚致。帽子、衣领、袖口、衣服下摆等处施黑彩。高 17.3 厘米（图一九）。

捧花巾俑　1 件。俑昂首仰望，挺胸，大耳，面容丰腴。头戴幞帽，帽后有高高的山墙，身着圆领曳地长袍，下露两脚尖，腰系带，双手捧花巾于胸前。中空，胎质坚致。高 16.8 厘米（图二〇）。

生肖俑　4 件。大耳，细眼，面容丰腴。头戴卷云冠，帽前端刻一“王”字。身着圆领窄袖长袍，袖口翻褶，下露两脚尖，腰系带。双手各捧一生肖动物，分别为蛇（图二一）、狗（图二二）、牛（图二三）及猴（图二四），动物用帕巾托住。中空，胎质坚致。高 17.5 厘米。

持笏俑　4 件。形象、衣饰同生肖俑，唯双手持笏于胸前。高 17.5 厘米（图二五）。

图一九　拱手男俑

图二〇　捧花巾俑

图二一　生肖俑（蛇）

图二二　生肖俑（狗）

图二三　生肖俑（牛）

图二四　生肖俑（猴）

图二五　持笏俑

另有瓷戏俑 22 件，塑造精良，姿态生动，富有喜怒哀乐各种表情。因长期被石灰裹蚀，致使色彩剥落，仅面部、袍带微见朱彩墨痕。

女戏俑　1 件。面容丰腴清秀，微带笑容。头扎双髻，系丝带，饰鬓花。身着交领窄袖及地长衣，胸前、腹下有花形饰带，脚穿尖靴。左手拿物抬起，右手残缺。体态轻盈，衣带飘逸。发上施有黑彩。高 15 厘米（图二六）。

脸蒙巾俑　1 件。头蒙巾（也称盖头），巾遮住了头和脸。身着及地长衣，袖较长，双手藏于袖内，腹前垂有两带，脚穿尖靴。右手自然下垂，左手抬起抚住蒙巾。高 15.7 厘米（图二七）。

盖头，又称帏帽，始于隋代。它原本是妇女在骑马远行时，为了遮蔽风尘、保护面部而制作的。宋代，妇女出门或是在公共场合戴盖头已成为一种习俗。如果妇女不戴盖头，出门以真面示人，便会被认为是不守“家规”或是“出格”。宋时新娘在成婚当日，也一定要戴盖头，一般多为红色。然后由男家夫妇双全的女亲，挑下盖头，新娘“方露容颜”。明、清时期，新婚女子在婚礼上仍保留有“揭盖头”的仪式。盖头的形制繁简不一，简单的只是一块大幅方

图二六　女戏俑

图二七　脸蒙巾俑

图二八　孝　俑

图二九　孝　俑

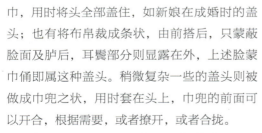

巾，用时将头全部盖住，如新娘在成婚时的盖头；也有将布帛裁成条状，由前搭后，只蒙蔽脸面及胪后，耳鬓部分则显露在外，上述脸蒙巾俑即属这种盖头。稍微复杂一些的盖头则被做成巾兜之状，用时套在头上，巾兜的前面可以开合，根据需要，或者撩开，或者合拢。

孝俑　2件。头戴孝帽，两帽带较长垂于肩下，身着及地长袖孝衣，袖较长，两手藏于袖内，脚穿尖靴。高16.6厘米。一俑腰系孝带，右手微屈下垂，左手拿帕支下颔，作俯首欲泣之态（图二八）；一俑腹下垂有两长带，左手自然下垂，右手支下颔，双目正视，满脸哀愁（图二九）。

武士俑　1件。头戴盔帽，帽顶上有簪缨，帽两侧贴有双翅。身着对襟宽袖及地盔甲，前饰两蝶形系带，下露两脚。左、右手在两侧半抬起，左手在下，右手在上。双目怒睁，高鼻，面容丰腴，形态威武。高17.6厘米（图三〇）。

图三〇　武士俑

图三一　童子俑

图三二　童子俑

图三三　童子俑

童子俑　1 件。头顶扎髻系带，脑后两侧也扎有两束长发，大耳，面部丰满，目视前方，满脸稚气。身着交领长袍，腹下垂有两带，下露两脚，双手拱于腹前。发上施有黑彩。高 15.8 厘米（图三一）。

童子俑　1 件。头扎高髻，髻上扎带分垂于两肩，大耳，目视前方，面部丰满，神态天真可爱。身着圆领长袍，腹下垂有两带，下露两脚，双手拱于腹前。头发、衣领上施有黑彩。高 15.5 厘米（图三二）。

童子俑　1 件。头顶卷髻系带，头微左倾，大耳，面露微笑，满脸稚气。身着交领长袍，腹下垂有两带，下露两脚，双手拱于腹前。高 13.5 厘米（图三三）。

男戏俑　1 件。头微右倾，大耳，目视前方，面露微笑。头戴幞巾，身着圆领窄袖及地长袍，腰系围兜，脚穿靴，双手抬起掌心朝上叠放于胸前。高 15.8 厘米（图三四）。

男戏俑　1 件。头微右倾，脸微仰，眼上望，下颌胡须较多，一脸严肃。头戴圆顶幞巾，巾下垂有两带。上着圆领短褂，下着长裙，腰系围兜，脚穿靴。双手抬起，左手在上，右手在下，作举物状。胡须处施有黑彩。高 16.5 厘米（图三五）。

男戏俑　1 件。头微左仰，大耳，目视前方，面容丰腴。头戴幞巾，身着圆领窄袖及地长袍，腹前饰有蝶形带饰，脚穿靴。双手抬起，掌心朝上，右手掌叠放于左手掌上，作捧物状。高 16.5 厘米（图三六）。

男戏俑　1 件。头微右倾，目视前方，面露微笑，额头及下颌处皱纹明显。头戴平顶帽，帽前饰额花。上着圆领窄袖短褂，褂下有蝶形系带，下着长裙。双手抬起，左手在下，右手在上，作举物状。高 16.1 厘米（图三七）。

男戏俑　1 件。头微左倾，扬眉睁目，面容丰腴。头戴披风幞巾，两带分垂于两肩。身着交领窄袖长袍，腹下垂有两长带，脚穿靴。双手抬起，左手在上，右手在下，作举物状。高 16.9 厘米（图三八）。

男戏俑　1 件。头微右倾，扬眉睁目，面容丰腴。头戴披风幞巾，带较长，曲折垂于肩两侧。身着交领及地长袍，下露两脚。两臂抬起，双

图三四　男戏俑

图三五　男戏俑

图三六　男戏俑

图三七　男戏俑

图三八　男戏俑

图三九　男戏俑

图四〇　男戏俑

手残缺，作举物状。衣服上依稀可见施有红彩，惜大部分已脱落。高 16.4 厘米（图三九）。

男戏俑　1 件。面容丰腴，大耳，目视前方，下颌处皱纹明显。头戴尖顶帽，帽带双折垂于肩两侧。上着圆领短衫，下着长裙，脚穿靴，腰系围兜，兜下饰有蝶形系带。双手抬起，掌心朝上，右手掌叠放于左手掌上，作捧物状。衣服上依稀可见施有红彩，惜大部分已脱落。高 16 厘米（图四〇）。

男戏俑　1 件。头微左倾，大耳，面容丰腴，面带微笑。头戴幞帽，身着圆领窄袖长袍，垂至足面，腰系折皱宽带，脚穿圆头靴。右臂向上扬起（手残），左手半握拳微垂，作舞蹈状。高 17.4 厘米（图四一）。

男戏俑 1 件。头微右倾，大耳，目视前方，面容丰腴，面带微笑。头戴幞帽，身着圆领窄袖及地长袍，胸前勒环弧状胸带，脚穿靴。双手抬起作捧物状，右手残。高 16.3 厘米（图四二）。

男戏俑 1 件。大耳，目视前方，面露忧愁。头戴平顶帽，身着圆领窄袖及地长袍，下露两脚，腹下饰有垂带，双手拱于腹前。高 16 厘米（图四三）。

男戏俑 1 件。头微前倾，大耳，眼下望，面露微笑。头戴幞帽，身着圆领窄袖及地长袍，下露两脚，腰系围兜。右手抬起，左臂缺。高 16 厘米（图四四）。

男戏俑 1 件。头缺。上着圆领窄袖短褂，下着长裙，腰系围兜，兜下饰有蝶形系带，脚穿靴。两手抬起，掌心朝上，右手叠放于左手上。衣服上依稀可见施有红彩。残高 13.2 厘米（图四五）。

男戏俑 1 件。头微左倾，面容丰腴。头戴圆顶帽，身着圆领窄袖及地长袍，胸前勒环弧状胸带，脚穿靴，双手抬起作举物状。高 16.3 厘米（图四六）。

男戏俑 1 件。头缺。身着圆领窄袖及地长袍，腰系围兜，脚穿靴。两手抬起，掌心朝上，右手叠放于左手上。残高 12.7 厘米（图四七）。

杂剧与南戏是宋金时期新兴的两种戏剧形式，杂剧在北方地区产生，并深受当时帝王与普通百姓的欢迎；南戏是在吸收了北方杂剧和

图四一 男戏俑

图四二　男戏俑

图四三　男戏俑

图四四　男戏俑

其他民间技艺的基础上，在南方的温州地区首先兴起，宋人称为“永嘉杂剧”或“温州杂剧”，元代以后始称“南戏”，表演内容常常是爱情、婚姻和家庭故事，以歌颂爱情婚姻自由、批判“负心汉”等为主题。上述 22 件瓷戏俑即属南戏人物俑，也许是由于墓主生前对南方戏曲的喜爱，这组以南方戏文为题材的瓷俑也就随之埋入了地下。这批瓷戏俑，从姿态、表情来看，可能出自几组戏文，并分生、旦、净、末等角色，这在江西宋墓中是首次发现，为我们研究戏剧发展的历史，特别是南戏发展的历史，提供了十分珍贵的实物资料。

墓志　1 方。青石质，长方形。楷书。30 行，满行 35 字。宽 94、高 100 厘米（图四八）。志文如下。

宋故瑞州知郡料院洪公墓志铭

特进观文殿大学士、充醴泉观使、新安郡开国公、食邑七千户、食实封二千五百户程元凤撰。

洪以文章名世，而文敏公之文□□，□以博洽称之。其适孙瑞阳史君，亲传正印。予方

图四五　男戏俑

图四六　男戏俑

图四七　男戏俑

期其大用，以踵芳猷，而闻讣矣，深可□□。公讳偒，字子成。曾祖皓，徽猷阁直学士、赠太师魏国公，谥忠宣；曾祖妣沈氏，魏国夫人。祖迈，端明殿学士、光禄大夫、蜀国公、赠少保，谥文敏；祖妣陈氏，和国夫人；张氏，吉国夫人。考椿，□□郎、华亭明府、赠通奉大夫；妣赵氏，赠太硕人。公以祖遗表恩，奏补通仕郎。初筮天台监税，继调临川秋官。任满，注南康军星子令。以□□□恩，循资改隆兴府靖安令。时邻郡寇扰，尉寨兵出戍山前。公甫到官，县帑空匮，而青□峒贼乘时作乱，距县治仅十余里，吏民惊惶。公奋不顾身，亲行抚恤，捐已俸、立重赏，募骁勇收捕寇。逾时，郡贼就擒。帅阃史公弥忿，亲劄褒嘉。□□□□讨寇，旋即奏捷，平定之功不可揜矣。继上其事于朝，谓邑境寇盗窃发，□□□□□□□得以安靖。隆兴境内，免致残破，委有劳效。蒙特旨，改合入官，得邑德□□□□□□□抚州崇仁县，政平讼理，吏畏民怀，当路交荐。适丁内艰。服除，宰洪之丰城县。□□□□□整顿，兴利除害，繁剧劳心。考满，欲少休。遂丐祠，得华州云台观。未几，起□□□□□□□主管机宜文字，幕画有方。□□怙恩，帅座颐斋邓公□甚□爱之。露章□□□□□□行在左藏西库，继迁榷货务都茶场、建康府粮料院、知英德府。惮远丐近，□□□□□□□将之任，而婴疾矣。公幼颖悟，笃志好学，文敏公独喜之。□《扬子法言》、鲁□□□□□□义，以命公名。及长，而廉介自持，刚毅有守。所至仕官，不□不阿。闲居则博□□□□□□，至老不倦。效协韵□□体，辑古今事实联对，亲□□□□四百余事，分为□□□□□要。编纂《盘洲》、《小隐》、《野处文集》，名十体文类，士大夫争传观之。公生于丙午淳熙十三年□月十一日，卒于景定甲子真元节之夕，享年七十有九。官至朝□大夫、赐紫金鱼袋。□□□娶邹良治之女□□□□先公二年而生，又先公三年而卒，享年七十有八。公自□□□□□之灵丘而窆□。□□□□□□为作志铭，兹不详述。公三子：长艺，永直郎、福建运□□□；次执，皆先逝。次□□□□□□□临江军清江县。三女：长适乡贡进士邹起潜，次适□□□□□。孙男三人：道□□□□□□□。孙女二人。其孤从治命，将以景定五年十一月初□□□□之吉，奉公柩与□□□□□于鄱阳县怀德乡仙坛甲栀林山之阳。专书来求铭，□□□□持泉节于番□□□□□□乡评，深切起敬。而其嗣子清江令尹，初任瑞阳郡曹，□□□□□于部内时□□□□□□之，则与公家世契也。夫岂容辞，故叙其概而铭曰：

惟公夫人，□福俱全。体魄归土，英灵□□。□□阙后，其千万年。

此墓为洪子成夫妇合葬墓。墓主洪偒，字子成，江西鄱阳县人。生于南宋孝宗淳熙十三年（1186年），死于南宋理宗景定五年（1264年），享年79岁，于当年十一月下葬。洪子成出身于官宦家庭，凭借祖宗的家资宦业，受到朝廷恩赐而任通仕郎官，并先后做过天台税务官，临川法官，星子、靖安县令。他的曾祖父洪皓、伯祖父洪适与洪遵、祖父洪迈、父亲洪椿都是宋王朝的大官僚。曾祖父洪皓（1088～1155年），字光弼，谥忠宣，官为徽猷阁直学士，曾出使金国，被拘留冷山十五年，以气节坚贞名当世。伯祖父洪适（1117～1184年），字景伯，晚年自号盘洲老人，谥文惠，累官至尚书右仆射同中书门下平章事，兼枢密使，封魏国公。南宋金石学家、诗人、词人，著有《盘洲文集》等。伯祖父洪遵（1120～1174年），字景严，谥文安，累官至翰林学士承旨、同枢密院事、端明殿学士、提举太平兴国宫。著名的钱币学家，对医学也有研究，所著《泉志》一书，为现存最早的钱币学著作。祖父洪迈（1123～1202年），字景卢，谥文敏，官为端明殿学士。涉猎经史，考阅典故，著述宏富，以文名于时，著有《夷坚志》、《容斋随笔》等书，对宋代典章名物、习俗人情均有记叙。他们四人在《宋史》卷三七三都有传。洪适与弟弟洪遵、洪迈皆以文学盛名，有“鄱阳英气钟三秀”之称。洪偒与父洪椿，不见于史传。撰文者程元凤（1200～1269年），字瑞甫，一字申甫，安徽歙县人。南宋绍定元年（1228年）进士。擢签书枢密院事兼权参知政事，拜右丞相兼枢

图四八 墓志

密使，有吏才，对朝廷大政规正甚多。著有《讷斋文集》，今佚。《宋史》卷四一八有传。

志文中记有“青□峒”农民起义史事。《南昌府志》卷一八载：“嘉定三年（1210年）春二月，以工部侍郎王居安知隆兴府，督捕峒寇。”洪偈任职的靖安县，正隶属于隆兴（南昌）府，此所谓的“峒寇”，应即志文中的“青□峒贼”。又据《南昌府志》卷三〇记隆兴知府任职者中，嘉定一、二年时为赵希怿，嘉定三年为王居安，嘉定四年为李珏。又云：“赵希怿，进士，嘉定元年以秘阁修撰任，明年，以招抚湖南峒寇功，加焕章阁待制。”以此，则这支所谓“峒寇”的农民起义军，或应是嘉定二年时爆发于湖南。因靖安县境多山，又与湖南平江接壤毗连，可能是由湖南转战至江西。其起义的具体时间，系在赵希怿、王居安任职内，即南宋嘉定二年（1209年）至三年（1210年）间。

（唐山执笔，原载《文物》1979年第4期）

永修县
南宋咸淳元年墓

1965年4月，永修县罗亭公社义坪大队社员在生产建设中发现古墓，江西省博物馆接到报告后派人赴当地调查。此墓位于该大队西侧杨家坟的田野里，由于春耕动土，墓室已被平毁。据了解，为砖砌双室夫妇合葬墓，西向。墓壁均用长34、宽16、厚7厘米的素面平砖叠砌，券顶为刀砖砌成。墓志横置于双室之间，墓室内还留有残骸和朱漆棺具的碎片，随葬器物位置已被扰乱。现将主要出土器物介绍如下。

龙泉窑青釉芒口小罐 1件。平口，短直颈，斜溜肩，扁圆腹，饼足。施青釉，釉厚，有大开片，釉残缺不全。口沿、饼足露胎，胎色灰白，胎体坚致细腻。浙江龙泉窑烧造。口径5.3、底径3.2、高5.3厘米（图一）。

青白釉堆塑龙虎纹瓶 2对。形状相同，分置于二室之中。盂形口，长直颈，长椭圆形腹，圈足外撇。口沿下有荷叶边形附加堆纹一周，颈部塑有青龙、白虎缠绕，上下点缀祥云分托日、月，并有朵云、朱雀和鹿相衬。肩部堆塑凸棱一周，上有持剑立俑13个。盖呈尖顶高帽形，纽为立鸟，一鸟仰视，另一鸟鸟头缺。施青白釉，釉色泛青，有细碎冰裂纹开片。器内、圈足、盖内露胎，胎呈白色。口径7.3、底径8.2、通高63.4厘米（图二）。

“凤”字形石砚 1方。砚台小巧，青灰色，“凤”字形。砚面四周有小边墙，砚堂微弧凸，斜挖成砚池，砚底前端稍弧凹，砚角残缺一块。长8、宽4.6厘米（图三）。

地券 2方。青砖质，正方形。直行朱书，惜字迹模糊已不可辨识。边长31、厚3厘米。

图一　龙泉窑青釉芒口小罐

图二　青白釉堆塑龙虎纹瓶

墓志 1方。青石质，长方形。楷书。宽39、高158厘米。志文如下。

宋故赵监元曹夫人圹记

先君讳时洧，字文叔，魏王九世孙。王乃艺祖皇帝、太宗皇帝之弟。自王而下，支派滋衍。讳公廙，朝议大夫、直龙图阁、主管建宁府武夷山冲佑观，于先君为曾祖。妣宜人周氏。讳彦中，朝散郎、敷文阁待制、赠朝请大夫，于先君为祖。妣安人周氏。讳补夫，宣教郎、知江陵府枝江县，于先君为考。曾祖兄之子，直焕章阁、湖南安抚讳彦章，于祖为初从，痛念叔兄不嗣，控请于朝。宝庆改元十一月十一日，获旨送宗正司除附，依所乞立从侄悫夫第三子，即先君也。先君生于开禧丁卯正月壬午，年甫弱冠，趍向卓然，皆以远器期之。焕章公一日命先君来前曰："而祖登乾道己丑第，淳熙乙未复以词科中选，历仕迁校书郎兼史院编修。适中书舍人虚其一，搽路抡材，有所引荐。寿皇曰：'吾家自有人，即命兼直。'时龙图叔任屯田郎官，并居班竹，尝侍便殿。上曰：'郊礼诰诏出彦中手，词章典丽，寔卿义方之训，椿筒滋茂，晋绅荣之。'未几，丁周宜人忧，龙图叔以失俪匈归而殂。服除，仍以中书舍人召。旋复居闲两年，父子相继而殁。而考年方十□□□龙图叔教育，且叨遗泽，正欲相与扶持，□□而考亦亡。今得汝克绍，吾无憾矣。宜勉力学问，植立门户，傥该奏荫，其首□汝。"先君逊谢而退，逾加饬励。焕章公甚爱重之，麾节所至，必与之俱。越十年，焕章公即世，仅泽及子讳□夫，乃先君再从叔也。先君长倍之，相规相保，且三十年，蔼然和气，未尝少迕。景定四年，从叔终于梅州佥判。先君既痛自伤感，且于佥判家事、养孝恤孤，靡不尽力。咸淳改元，圣天子嗣位，天潢咸霑霈泽。先君尝以书学，中绍定四年国子监举。嘉熙四年，江西漕举合预正奏名，独安恬澹闲自陈，亲旧力挽莫回。曰："先祖舍人有遗泽，挠于亲戚而不得受。叔父焕章有棒表，泽将及郊而不克受，是有命焉。今小子若槈适侥漕荐，例可叨恩，若更勉旃不自足可矣。余发种种，何以官为。"旷达如此，宜享上寿，谁不云然。岂意佥判服甫除禫，而先君竟于是年六月乙酉，以微疾终于正寝，享年五十有九。先君天资高明，而行事甚恕；胸次坦夷，而执古有守；持身以正，教子以严；待人以礼，抚下以恩。晚岁谢绝场屋，花木自娱；园涉成趣，宾朋杯酒，必典其尽其欢。初妃梧州教授黄时若季女，再妃富郑公孙瑞友次女，皆早卒。又再妃郴州史君曹一龙第四女讳守真，生于嘉定壬申九月壬子。幼有淑闻，长闲姆训。暨归我先君，警戒相成，宽大惠下，处姻族无闲言，共祭祀无废觞，勤俭治家，二十余年。一旦先君弃不肖孤，正惟慈母是依，况有妹襁褓，尤赖拊育。曾几何时，而夫人于八月戊子，又以一疾不越，享年五十有四。呜呼哀哉，呜呼痛哉。若槈获罪于天，乃酷罚若是之甚耶。卜者以是年十一月壬寅叶吉，若槈忍死奉柩合葬于南康军建昌县新义原，从治命也。日薄事严，

图三 “凤”字形石砚

未能匄铭大手笔，姑识岁月，纳诸幽宫。

孝子若柟泣血谨记。内任迪功郎、瑞州高安县主簿曹大同填讳。

高谦刻。

根据志文可知，此墓为宋魏王后裔赵时浻及其妻曹氏的合葬墓。赵时浻，生于南宋开禧三年（1207年），卒于南宋咸淳元年（1265年）六月，享年59岁；曹氏，生于南宋嘉定五年（1212年），卒于南宋咸淳元年（1265年）八月，享年54岁。夫妇俩于南宋咸淳元年（1265年）十一月下葬。

墓主赵时浻，字文叔，赵宋宗室，属魏王赵廷美第三子颍川郡王赵德彝房。《宋史》卷二三五《宗室世系表》载：“朝议大夫公廙。”志文作：“讳公廙，朝议大夫、直龙图阁、主管建宁府武夷山冲佑观。”又有赵彦中者，事迹见于何异《宋中兴学士院题名录》、《南宋馆阁续录》记载，《宋史·宗室世系表》亦列“彦中”名，唯不书详职。志文则记作：“讳彦中，朝散郎、敷文阁待制、赠朝请大夫”，“登乾道己丑第，淳熙乙未复以词科中选，历仕迁校书郎兼史院编修。适中书舍人虚其一……即命兼直……上曰：郊礼诰诏出彦中手，词章典丽，实卿义方之训，眷简滋茂，搢绅荣之”。又《宋史·宗室世系表》仅列“补夫”名；志文则作“讳补夫，宣教郎、知江陵府枝江县”。据志文可知，赵补夫无出，故以赵时浻为继，赵时浻的生父实为赵愍夫。《宋史·宗室世系表》记载：赵时浻生父赵愍夫，祖父赵彦髣，曾祖父武翼郎赵公寄。《宋史·宗室世系表》记载：赵公厉之子赵彦覃；志文记赵彦覃为“直焕章阁、湖南安抚”。又《宋史·宗室世系表》记载：赵时浻之子为赵若栅；志文则作“若柟”。志文为其子若柟所撰。

（薛尧执笔，原载《考古》1965年第11期）

瑞昌市
南宋咸淳八年墓

1983 年 2 月，江西省瑞昌县（今瑞昌市）大桥公社金凤大队李洋湖村社员因建房屋，在打墙基时发现古墓一座。瑞昌县博物馆闻讯后，即派人前往进行了详细调查及清理。现将情况简报如下。

该墓位于大桥公社金凤大队李洋湖村后的红壤台地上，距公社约 8 公里，墓的东、西、南面百米处为赤湖。墓室坐西北朝东南，为长方形单室竖穴墓，无墓道，墓室全部用凿打规整的石灰石错缝砌成，十分坚固。室内棺木髹红漆，已朽，棺与墓壁间浇灌有 30 厘米厚的三合土。三合土凝结得不很牢固，手捏即成粉末。墓室全长 2.56、宽 0.85、高 1.7 米，上方平盖一层长 1.07、宽 0.98、厚 0.13 米的大石板三块。石板两侧分别凿有 0.25 厘米宽的榫边，以使两石板紧密结合，同时在结合处用石灰泥勾缝。下方及墓四壁全用长 0.8、宽 0.3、厚 0.23 米的长方形条石错缝砌成。墓底分 4 层铺垫：上层为三合土，中间两层为沙粒、木炭，底层为纵向排列的长方形条石。四壁共砌石 8 层，计 64 块。该墓的墓室较讲究，但随葬器物较少，现介绍如下。

青白釉盒底　1 件。口微敛，弧腹，圈足。施青白釉，外腹釉不及底，釉质光润。胫部至足露胎，胎呈白色。口径 9、底径 5.3、高 2.7 厘米（图一）。

青白釉芒口罐　1 件。敛口，圆唇，短颈，丰肩，扁鼓腹，肩以下渐向内收，圈足。外腹中部有一道明显的接胎痕。器内外施青白釉，釉质莹润。口沿、圈足露胎，胎质洁白细腻。口径 6.5、底径 5.2、高 7.6 厘米（图二）。

琉璃簪　1 件。白色透明琉璃制造。一端呈橄榄状，另一端略尖，中部稍凹。外表部分有石灰腐蚀的痕迹。长 11.5、最大直径 1.7 厘米（图三）。

八连弧葵式铜镜　1 件。八连弧形。镜面光滑，背面边缘有一道较宽的弦纹，中央有半圆形纽，纽的一侧有铭文，因腐蚀严重，字迹难以辨认。直径 18.8 厘米（图四）。

铜钱　4 枚。圆形方孔，均为崇宁通宝（图五）。

地券　1 方。青石质，长方形，写刻填朱。楷书。字行采取从右至左倒顺交错的排列法，单数行正写，双数行倒写，共 11 行，满行 21 字。宽 25、高 36 厘米（图六）。券文如下。

维皇宋咸淳八年十月二十八日，本贯淮南西路安庆府宿松县，今寄居江南西路江州瑞昌县金城乡三村社接泥中保，礼部待省进士杨梦斗，以妻室黄氏殁故。龟筮叶从，相地惟吉，宜于江州瑞昌县金城乡二十九都，地名刘师坑之原为宅兆安厝。谨用钱九万九千九百九十九贯文，兼五彩信币，买

图一　青白釉盒底

图二　青白釉芒口罐

图三　琉璃簪

图四 八连弧葵式铜镜

图五 铜 钱

图六　地　券

地一区。东止青龙，西止白虎，南止朱雀，北止玄武。内方勾陈，分掌四域。丘丞墓伯，谨肃界封。道路将军，齐整阡陌。若辄干犯，呵禁将军、停长，收付河伯。今以牲牢酒饭，共为信誓。财地交相分付，工匠修营，永保无咎。若违此约，地府主吏，自当其祸。主人内外存亡，悉皆安吉。急急如五帝主者女青律令。

墓主黄氏，安徽宿松人，礼部待省进士杨梦斗之妻，生年不详，卒葬于南宋咸淳八年（1272年）。

1987年3月，瑞昌县武蛟乡（原大桥公社）李洋湖发现南宋景定二年（1261年）吴氏墓（见本书《瑞昌市南宋绍兴三年墓与景定二年墓》）。吴氏为杨梦斗之生母，也即黄氏之母，吴氏较黄氏早死11年，两墓相隔较近，相距约10米，婆媳俩同葬于"刘师坑"。按当时的风俗习惯推测，黄氏的丈夫杨梦斗（即吴氏之子）应同葬于该地，或其妻室黄氏墓旁。

从两墓的墓葬结构来看，安葬上有厚薄之分，黄氏墓要显阔气。吴氏为土坑墓，地券为砖质；黄氏为石室墓，地券为石质。但两者同样是用红棺木埋葬。从殉葬器物看，数量上不相上下，种类也基本相同，同样都殉葬有青白釉罐、青白釉盒底、铜镜、簪等器物。

（刘礼纯执笔，原载《考古》1986年第11期）

后 记

江西省是我国著名的陶瓷产区，宋代吉州窑、白舍窑、湖田窑是闻名全国的窑场，因此，江西地区出土的这一时期陶瓷器相当丰富。《江西宋代纪年墓》收录了两宋时期40组出土青白瓷的典型纪年墓资料。这些墓葬是中华人民共和国成立后至2000年间江西省文物工作者在江西各地考古发掘清理的，涉及两宋时期文物标本1000多件，其中青白瓷200余件。本书与《景德镇湖田窑址——1988～1999年考古发掘报告》（文物出版社，2007年）相结合，可以分别从标准器、标准器群和考古地层学方面为构建景德镇窑宋代青白瓷年代序列提供翔实的资料。

本书收录的墓葬资料发表时间不一，跨度达30多年，涉及刊物数种，不同刊物、同一刊物不同时期的编辑，对文稿体例、注释方式要求都有不同，不同作者的行文方式也不尽一致，为了更好地反映我省考古工作的学术历程，在整理本书稿件时，基本遵照原文，补充了器物和部分墓志照片，重绘了部分线图，对文稿中出现的错字、脱字、标点等错误进行了订正，对墓葬出土的大部分器物重新进行了描述。为了突出本书在青白瓷考古方面的学术价值，着重对青白瓷进行了较为规范、详细的器物描述。

在本书汇编过程中，国家文物局、江西省文物局领导高度重视，下拨专项补助资金；江西省博物馆、婺源博物馆、德兴市博物馆、铅山县博物馆、九江市博物馆、瑞昌市博物馆、德安县博物馆、抚州市博物馆、宜黄县博物馆、乐安县博物馆等省内文博单位给予了大力协助。

彭明瀚同志统筹、审定全书。赖金明同志负责书稿的选定、汇编、录入和校对工作，对墓葬出土的陶瓷器以及大部分铜器、玉器重新进行了描述，对部分墓志进行了释读。王宁同志对部分铜器重新进行了描述，陈建平同志对部分玉器及杂件重新进行了描述，夏华清、李宇、龚煜、徐秀玲、陆青松、刘禄山等同志也参与了部分整理工作，戴仪辉重绘了部分线图。

江西省博物馆

2014年2月18日